AF439430

« Comment est vécu l'accompagnement ? Regards croisés. »

« Les personnes âgées »

Essai

Auteurs :
Laurence Delys
Héléna Til
Antonio Correia Estradas

<u>**Sommaire :**</u>

Démarche d'initiation à la recherche sociologique.

1. Préambule

Le présent essai s'inscrivait dans une démarche d'initiation à la recherche sociologique, du programme de la licence Coordination des établissements ou services pour personnes âgées.

La thématique choisie pour était :

« L'accompagnement ».

À l'instar de la recherche sociologique universitaire, l'objectif de cette initiation à la recherche est de développer ou aider à développer une posture de réflexivité plus proche de la pratique professionnelle.

Pour y parvenir, les étudiants étaient sollicités par le biais de témoignages de leur expérience personnelle ou professionnelle. C'est ainsi qu'ils ont témoigné d'une expérience d'accompagnement positive ou négative dans le cadre de leur vie personnelle ou leur activité professionnelle. Ce témoignage fait l'objet d'une production écrite que nous joindrons à notre dossier collectif.

À l'issue, en partant de la rédaction de ces expériences et leur sensibilité, chaque étudiant a choisi un ouvrage en lien avec la thématique définie, puis rédigé une fiche de lecture.

L'ensemble des fiches de lecture a fusionné en un seul document et est devenu le support d'analyse et de réflexion en vue de l'étape suivante de la recherche (le choix de la problématique).

Après avoir confronté les différents avis, la classe s'est réunie, a organisé un brainstorming en vue de définir les axes du travail de recherche. De ces travaux, un axe de recherche est sorti et conduit à la problématique suivante :

« Comment est vécu l'accompagnement ? Regards croisés. »

Afin de permettre à la classe d'avoir une vision fine de chaque population, et pour nourrir le travail de recherche, la classe a été divisée en trois sous-groupes :

- Un groupe a choisi d'effectuer ses recherches auprès des personnes âgées.
- Un groupe a choisi d'effectuer ses recherches auprès des proches aidants.
- Un groupe a choisi d'effectuer ses recherches auprès des professionnels.

La recherche du groupe des personnes âgées s'est portée sur les personnes âgées bénéficiant d'un S.A.D., résidant en résidence autonomie et en EHPAD.

La recherche du groupe des proches aidants s'est porté sur les proches-aidants familiaux résidant à leur domicile et en structure.

La recherche du groupe des professionnels s'est portée sur les professionnels de l'accueil en résidence autonomie et EHPAD.

2. Le contexte de notre travail.

Notre groupe a choisi de s'intéresser aux personnes âgées et de chercher à comprendre comment celles-ci perçoivent l'accompagnement. Pour permettre une vision la plus proche des problèmes rencontrés par cette population, nous avons décidé de mener les entretiens semi-directifs, selon les modalités suivantes :

- Un entretien avec une personne âgée accompagnée par un service d'aide à domicile.
- Un entretien avec une personne âgée ayant intégré une résidence autonomie.
- Un entretien avec une personne âgée en E.H.P.A.D.

3. La méthodologie.

Pour mener cette étude et réaliser cette enquête sociologique, nous avons rédigé un guide d'entretien semi-directif. Celui-ci a pour ambition de nous aider à mieux comprendre le vécu et la perception de l'accompagnement par la personne et son vécu de l'accompagnement en les replaçant dans trois types de contexte :

- À domicile (aidé par une structure d'aide à domicile) [1]
- En résidence autonomie [2]
- Ou en établissement accueillant des personnes âgées dépendantes (E.H.P.A.D.) [3]. (Malheureusement, nous avons perdu notre coéquipière en route pour des raisons que nous n'exposerons pas ici et par conséquent, nous n'avons pas pu réaliser ce dernier entretien. À la place, nous avons réalisé un autre entretien tourné vers un public hébergé en résidence autonomie. Notre choix s'est porté vers une personne en dépendance plus ou moins légère afin de s'approcher le plus possible des conditions de l'entretien qui aurait dû être mené en E.H.P.A.D.)

- Il paraît important de préciser que la collègue qui n'a pas pu réaliser les entretiens et leur analyse, a participé pleinement à l'élaboration des hypothèses de recherche et ainsi qu'à la rédaction du guide d'entretien semi-directif.

Ces entretiens ont été réalisés auprès du public cible en respectant la confidentialité des informations confiées. À ce titre, les restitutions des entretiens présentés en annexe du présent document, ne contiennent pas d'informations confidentielles, il s'agit exclusivement d'un travail de recherche qualitatif, mené sur forme d'entretien semi-directif.

4. Les hypothèses de recherche retenues
Dans le cadre de nos travaux de recherche, nous avons choisi les hypothèses suivantes :

- La perception de l'accompagnement suite à changement de vie (son origine et le rôle des proches) dans le contexte d'entrée en établissement ou l'accueil des services à domicile ;
- La qualité de l'accompagnement pendant la COVID) ;
- La perception de la perte d'autonomie ;
- Le positionnement de la personne âgée au sein de la société actuelle.

<u>Cela nous a conduits définir les axes de travail suivants :</u>

4.1 : L'accompagnement ; la rentrée en établissement ou l'accueil des services à domicile :

L'hypothèse : L'entrée en établissement ou l'accueil des services à domicile, peuvent être vécus par la personne âgée comme un déchirement, une rupture avec la vie d'avant ?

4.2 La qualité de l'accompagnement pendant la COVID :

L'hypothèse : Pour les personnes âgées, la crise sanitaire liée à la COVID a-t-elle altérée la qualité de l'accompagnement ?

4.3 La perte d'autonomie :

L'hypothèse : L'accompagnement n'est pas toujours bien perçu par la personne âgée et pourrait, selon-elle, s'apparenter à un début de perte d'autonomie.

L'anticipation de la perte d'autonomie par la personne âgée favorise l'acceptation d'un accompagnement adapté et plus serein.

4.4 La Société et le vieillissement :

L'hypothèse : Face à l'âgisme dominant, le vieillissement n'est pas forcément bien vécu dans la société actuelle, en particulier par la personne âgée.

5. Analyse des entretiens

Après avoir présenté les participants aux entretiens, nous procéderons à une analyse individuelle des entretiens. Cela nous permettra de comparer le retour de la personne âgée à notre guide d'entretien. Et nourrir les questionnements en relation avec la thématique de l'accompagnement, sous ses différents angles et de contribuer au cheminement conduisant aux conclusions de notre travail de recherche.

5.1 Présentation des participants :

En préambule, voici les éléments qualitatifs concernant les personnes âgées participant à cette enquête :

Nom	Âge	Situation familiale	Accompagnement		Milieu socio-professionnel	Degré d'autonomie	A.P.A.
			Typologie	Durée			
Monique	79	Célibataire	Domicile	3 ans	Cadre (ancienne cadre de santé)	En début de perte d'autonomie (*)	OUI
Mme AC-DC.	85	Veuve	Résidence autonomie	10 ans	Mère au foyer	Parfaitement autonome	NON
Josy	88	Veuve	Résidence autonomie	15 ans	Employé de bureau	En perte d'autonomie, mais en a une perception différente	OUI

(*) Selon sa perception de l'autonomie.

5.2 Analyse individuelle des entretiens :

Chaque entretien fait l'objet d'une analyse des propos de la personne ayant répondu à nos questions. Son opinion est ensuite confrontée à nos hypothèses, ceci dans un but de mise en perspective de nos idées, nos représentations et la personne âgée interviewée.

5.2.1 Analyse de l'entretien avec Monique (réalisé par Antonio).

L'entretien semi-directif, mené par Antonio CORREIA ESTRADAS, s'est déroulé le 29 avril 2022 entre 10 h et 12 h 43 au domicile de Monique. L'entretien enregistré a duré environ deux heures, mais il n'y a eu qu'environ une heure d'exploitable. Car Monique s'éloignait souvent des thématiques abordées, pour se confier sur sa vie d'avant, son ressenti et son passé professionnel.

Monique est une ancienne infirmière et cadre de santé qui a travaillé pendant des années comme assistante du docteur Cabrol (chirurgien pionnier dans la transplantation cardiaque).

Monique est âgée de 78 ans, célibataire sans enfants, vit seule dans son appartement à Villejuif. Dernière de sa fratrie, ses parents décédés, elle n'a pas beaucoup de contact avec sa famille. D'un caractère jovial, elle a conscience de sa situation liée à sa perte progressive d'autonomie. Pour se rassurer, elle veut organiser son environnement. Cela se traduit par les travaux faits dans l'appartement, le rangement de ses affaires.

Le lien s'est établi très facilement, car j'avais déjà discuté avec Monique au téléphone et comme elle savait que je venais de la part de Laurence (ma collègue de Licence C.E.S.P.A.). Cela a beaucoup facilité la prise de contact et instauré d'emblée un climat de confiance mutuelle. Lorsque je l'ai contactée pour planifier l'entretien, elle s'est montrée aussitôt disponible et n'a à aucun moment émis des réserves quant à cet entretien.

Lors de l'échange téléphonique, Monique précise qu'elle m'attendait avec un café ou thé. Par politesse, je lui propose une collation en échange (pain au chocolat ou croissant), à cette occasion, elle me signale qu'elle ne peut pas manger des aliments sucrés du fait de son diabète.

Sachant cela, j'arrive avec deux croissants en guise de cadeau pour amorcer la conversation. Bien qu'elle n'ait pas l'envie de manger le croissant, elle m'accueille et contre toute attente de ma part, elle mange un bout du croissant.

Elle m'accueille avec un grand sourire et nous prenons le café ensemble. Dès le début, elle me parle de son problème de télévision. Cela la préoccupe et à la fin de l'entretien, je résous le problème. En effet, il s'agit d'un souci de piles, la nouvelle télécommande avait les anciennes piles qui étaient vides. J'effectue le changement et je paramètre la télévision. Cela la rassure et elle est heureuse de pouvoir bénéficier à nouveau de sa télévision.

L'entretien se déroule dans une ambiance décontractée et joviale. Elle se plie volontiers à toutes les questions et, par le lien créé, se confie sans aucune difficulté.

D'ailleurs, moi-même, à un certain moment de la discussion, j'oublie le contexte de l'entretien et son but. Et inconsciemment, je me livre à une discussion libre et je dévoile une partie de ma vie privée, sans que Monique l'ait demandé. Sur le coup, je n'ai pas conscience de cela, car je suis particulièrement heureux de l'entretien et du bon moment passé à discuter avec Monique. Mais, ce n'est qu'au moment de la transcription que je prends conscience de mon implication dans cet entretien.

Je ne peux pas l'expliquer pourquoi, mais le contexte de l'entretien et des similitudes des métiers a sûrement dû influencer ma prise de parole : Monique ayant été infirmière et cadre de santé. Moi, au début de ma carrière, j'ai exercé pendant trois ans en qualité d'auxiliaire sanitaire, appelé communément l'infirmier section chez les militaires. Cela a sans doute été un facteur de symbiose et permis une discussion libre.

En me référant au guide d'entretien semi-directif, j'ai pu poser presque toutes les questions et aborder toutes les thématiques du document. Bien que la chronologie de l'entretien ne soit pas exactement celle du guide d'entretien, il en ressort que l'échange est animé et les deux parties ont plaisir à discuter ensemble, quel que soit le sujet abordé.

Afin de guider la réflexion, voici l'analyse de l'entretien avec Monique et un début de réponse aux questionnements émis par les hypothèses de recherche que nous avions retenu dans le guide d'entretien semi-directif : *À l'hypothèse concernant l'accompagnement, accueil des services à domicile et comment elle a vécu ce changement de vie :* Concernant l'accompagnement et la rupture avec la vie d'avant, Monique a une perception que l'accompagnement est liée à l'aspect pratique, l'aspect psychologique de l'accompagnement n'est pas perçu comme une nécessité. L'arrivée d'une intervenante à domicile est vécue par Monique comme une évidence. Cependant, Monique a une attitude ambivalente, d'un côté, elle est très critique sur le fonctionnement de la structure et les personnes envoyées chez elle pour l'aider. De l'autre côté, elle est empathique avec l'intervenante INRIKA.

Selon Monique, *"Pour certains l'accompagnement, c'est l'éducation thérapeutique !"* (p. 45).

Concernant l'accueil des services à domicile et l'arrivée d'une intervenante à domicile est vécue par Monique comme une évidence. Elle a des attitudes ambivalentes à l'égard de la structure de service à la personne et ainsi que de l'intervenante. Elle est très critique sur le fonctionnement de la structure et les personnes envoyées chez elle pour l'aider *"je n'ai rien compris à leur fonctionnement (l'agence de service à la personne), parce qu'elle avait disparu (l'intervenante). Elle est revenue, puis alors on a l'impression que dans l'équipe (...) là enfin*

*(...). Bah, ah ça ! Moi, je me suis lancée en plein là-dedans ! Alors là !
Je le regrette* " (p. 32).

Puis, plus loin, au cours de l'entretien, elle défend la même structure de
service à la personne, lors des entretiens avec l'évaluatrice de l'APA
*"Je les ai rappelés depuis. J'ai dit : « écoutez-moi la société qui
m'envoie quelqu'un. Elle s'applique, (rire)"* (p. 50). Monique réagit de
la même façon avec l'intervenante à domicile. D'un côté, elle est en
empathie avec l'intervenante INRINKA. *"Alors ! En plus, je pense
qu'elle ne se nourrit pas très bien ! Elle a des problèmes de santé, elle
a 67 ans passées. "* (p.33).

Puis, c'est avec un regard sévère et critique qu'elle définit
l'intervenante *"parce qu'elle arrive plus fatiguée que moi ! En
apparence ! Alors qu'est-ce que vous voulez que je lui demande ? ...
C'est comme, je la vois arriver ! Oh là là ! Elle est habillée comme une
petite pin-up, une gamine ! Quand elle dit qu'elle est toute seule, je n'en
crois pas un mot. Vous voyez, c'est... ! Moi je suis un peu naïve, malgré
tout, mais au bout d'un moment, il y a des choses qui s'éclairent quand
même. "* (p. 33).

Dernière de sa fratrie, elle n'a plus de liens avec sa famille et
notamment avec sa nièce. Selon Monique, elle n'a pas voulu garder le
contact de peur de la prendre en charge *"Tu n'as pas les mêmes valeurs
que nous ! ... et depuis, plus de nouvelles ! "* (p. 53). Cela l'a blessé
beaucoup et elle nous fait part de sa solitude et le sentiment *"d'être
seule au milieu de la foule"*) (p. 54).

***À l'hypothèse concernant la qualité de l'accompagnement pendant la
COVID*** : Monique a perçu la période du confinement comme la suite
de sa solitude, car elle ressent cette solitude. Elle est consciente des
aides obtenues durant la crise, particulièrement par la mairie et son
Kiné qui malgré les restrictions s'est déplacé chez elle. Elle ne se plaint
pas, mais témoigne de façon implicite de l'absence de visite de la part

de l'évaluatrice de l'APA. Son passé d'infirmière porte un regard critique sur la manière dont les patients sont traités.

A l'hypothèse concernant la perte d'autonomie : Monique est parfaitement consciente de sa perte d'autonomie et de son état de santé. Au cours de l'entretien, elle y fait mention de ses pathologies de façon décomplexée et ne cherche pas à négliger l'impact dans son quotidien. *" Si vous voulez, moi je considère que je suis un peu jeune par rapport à ce phénomène-là ! Mais j'ai la réponse, c'est la narcolepsie ! Alors ça finit par m'énerver, parce que je me dis : « C'est sûr, parce que le médicament que je prends pour me tenir éveillée, ça joue sur la concentration ! "*. Lorsque je la questionne sur sa perception de la perte d'autonomie, elle me répond : *"C'est dépendre des autres ! ... Perte d'autonomie, c'est aussi perte d'utilité, quoi !"* (p. 57)

Consciente de sa perte d'autonomie progressive, Monique veut tout organiser et ranger son environnement, pour qu'une fois que cela ne soit plus possible elle puisse se libérer de ce poids. Lors de l'entretien, la notion de rangement semble très présente, comme illustrent ses propos : *"Là j'ai refait les peintures, ici là ! Ça fait six mois, mais je le fais par étapes, quand même ! Avant je faisais tout ça en famille !"* (p. 53)

Monique reste très active et cherche à maintenir une vie sociale en dépit de ses soucis de santé, comme en témoignent ces propos : *"Bah, je vous dis, j'ai plusieurs activités, qui en même temps ne sont pas des bavardages ! Vous voyez ce que je veux dire ? Et il y a l'activité, bah, dessiner ! C'est sûr que maintenant je commence à avoir mal aux mains et je n'arrive plus à faire grand-chose ! Alors qu'il y a encore un an, je faisais aussi de la sculpture ! Tous les petits trucs là c'est moi ! (objets dans son salon)"* (P. 54)

À l'hypothèse concernant la société et le vieillissement : Monique dresse un portrait réaliste de la société face à l'âgisme. Elle s'insurge d'ailleurs contre la prise en charge des personnes âgées par le corps médical, comme si l'âge avancé des patients était synonyme de fin de soins. *"C'est très négligé... dans le maintien d'une certaine capacité physique et mentale !"* (p.45).

D'ailleurs, elle dresse un portrait d'un membre de sa famille particulièrement sévère : *"Moi j'en ai un dans ma famille, maintenant il m'en parle plus. Bah, mon neveu justement, il me disait : « Mais on est, on meurt ! » « Il ne faut pas toujours vouloir passer au-delà des limites ! » Vous voyez ?"* (p. 61).

Lorsque je lui pose la question "Quand vous étiez jeune, comment envisagez-vous votre avancée dans l'âge ? " Monique, me répondit : "J'ai toujours pensé, mais j'ai toujours été entouré de gens qui avaient besoin de moi, alors j'ai eu le temps de réaliser, entre autres mes parents Hein ? J'ai pris en charge mes parents pendant longtemps ! (p. 63). Pour elle, l'aide aux personnes âgées revêt un caractère très important, comme le dit : *"Toujours pareil ! Quand même qu'avec mes parents, je ne sais pas si j'avais raison, **mais je leur ai toujours donné l'impression que j'avais besoin d'eux !** Entre autres, maman, on allait faire le marché, je tendais la petite liste au charcutier pour qu'il me cherche qu'il fallait ! Puis, après, on mettait les champignons dans la choucroute ! Elle était d'origine alsacienne, mais elle ne savait plus !"* (p. 64)

En conclusion de cet entretien très riche en informations, je me questionne sur l'importance de l'accompagnement. De ce qui doit être un bon accompagnement et de ses limites et considérations. Car derrière ce mot, il y a une notion de lien entre personnes, cela n'est pas anodin ni sans conséquences. Lorsqu'on veut aider, accompagner un proche ou quelqu'un. On ne sait jamais où s'arrêtera l'accompagnement et le don de soi dans cette relation d'entraide. Pour ma part, j'ai donné et je me suis confié sans attendre rien en retour et ce fut une expérience très enrichissante. J'ose espérer que pour Monique, cela eut été le cas.

5.2.2 Analyse de l'entretien avec Mme AC-DC (réalisé par Laurence)

L'entretien s'est déroulé le 14 mai 2022 à 15h dans la salle de restauration de la résidence autonomie Gabriel Fontaine à Morangis de l'association ARPAVIE.

L'entretien a duré 39 minutes et 33 secondes. Cet entretien a été effectué dans des conditions particulières, car j'étais de garde week-end sur la résidence, avec une obligation d'être joignable à tout instant. Au milieu de l'entretien, j'ai été interrompue par un appel téléphonique. Cela n'a pas trop eu, je suppose, une incidence sur la qualité de l'entretien, mais dans ce cadre méritait d'être souligné.

Tout d'abord, il paraît important de présenter la personne : nous la nommerons ici madame AC-DC par souci de confidentialité. Cette personne âgée, à l'opposé de la définition qu'en fait la société, est encore autonome, voir on peut se permettre de le dire entièrement autonome. Elle reste particulièrement dynamique et active

Cet entretien s'est réalisé sur le lieu de travail de la personne qui interviewait, ce qui a permis, par ailleurs, une prise de contact simplifié avec la personne interrogée, car je travaillais un week-end sur deux sur son lieu de résidence, en l'occurrence la résidence autonomie.

Le choix s'est porté sur cette personne, car elle était particulièrement dynamique et intégrée à la vie de la résidence et surtout régulièrement en lien avec le président du CVS (conseil de vie sociale : instance dans une structure qui permet aux personnes de s'impliquer, proposer et donner leur avis sur les décisions concernant la vie de la structure). Et que par conséquent, elle était bien informée de la vie de la résidence et de ses animations. Cette personne a été aussi choisie pour son profil atypique, car cette résidente a le souci de rester autonome, jeune et dynamique, mais l'entretien le confirme, elle reste malgré tout bien ancrée dans des valeurs anciennes que certains qualifieraient de désuètes. Elle casse les codes que l'on a en tête de la personne dite âgée, ce qui explique le pseudonyme que l'on a pu lui attribuer, car elle affectionne tout particulièrement la musique du groupe AC-DC.

Parlons un peu du déroulement de l'entretien : après réflexion, nous nous rendons compte qu'il est difficile de mener l'entretien alors que l'on est soi-même salarié de la structure. L'image renvoyée à la personne interrogée reste celle d'un salarié.

On se rend compte que ce soit pour la personne interrogée ou la personne qui mène l'entretien, il est difficile de ne pas tenir compte que toutes les deux jouent finalement un rôle au sein de la résidence et cela reste difficile d'arriver à s'en détacher.

L'impression qui a été ressentie parfois, c'est que le résident par le biais de l'interrogeant cherchait parfois à régler ses comptes avec la direction.

J'ai pu effectuer une première analyse en lien avec nos hypothèses de départ. Pour madame AC-DC on peut dire que son entrée en établissement et l'accompagnement qui y est prodigué a été voulu et relève d'un acte volontaire et pris en toute liberté. Ces propos nous le prouvent : *"Et puis un jour, toute seule, j'ai décidé de venir m'installer. Ça fait 10 ans et je suis très très bien, je ne le regrette pas."* (p. 73). Pour elle, cette décision a été un moyen de garder des relations avec les autres et rompre ainsi la solitude qu'elle ne supporte pas, on le comprend très bien et ceci serait en lien avec sa vie passée, car elle est issue d'une famille nombreuse.

Concernant sa perception de la vie pendant la COVID, elle exprime clairement qu'elle a été prise en charge parfaitement par la structure qui l'accueille au moment du confinement. Elle en témoigne : *"Alors là on ne peut mieux, vous vous rendez compte qu'on a été... pendant un moment (...) et ben je vous assure qu'on a manqué de rien."* On se rend compte par contre que cette période a aussi été mal vécue et le reste encore pour elle, car elle estime qu'il n'y a plus de lien entre les résidents et plus de solidarité. Elle regrette le manque de communication. Qu'elle exprime d'ailleurs : *"Vous savez, on a tellement perdu, dans le moral, dans le contact avec les autres, parce qu'il y a plus de contact du tout, on a perdu énormément !"*(p.78)

Pour la perte d'autonomie, elle en a une vision objective et plutôt positive, car elle se dit prête à accepter une aide humaine dès lors qu'il peut se créer des liens de confiance avec cette dernière. Par ces propos, on se rend compte qu'elle met l'accent tout particulièrement sur la communication, ceci étant sûrement dû à nouveau à sa vie d'avant et encore actuelle où elle aime entretenir des liens avec les autres. Elle l'explique clairement lors de l'entretien : *" Oui, quitte à lui demander un petit service, voilà, euh, bien s'entendre avec la personne, alors c'est décontracté, dans ce cas-là on peut se laisser aller gentiment chez soi"*(p.74).

Quant à sa vision du vieillissement, on voit clairement qu'elle a peur de vieillir et qu'elle met tout en œuvre pour ne pas le subir. Elle dit qu'elle s'oblige à rester autonome et à encore effectuer tous les actes du quotidien. Elle exprime clairement ce refus de se voir dégrader. Et, elle exprime clairement les dispositions qu'elle a prises à ce sujet lors de l'entretien.

Pour conclure, le sentiment général qui ressort lors de cet entretien, c'est qu'il s'en dégage une dynamique et surtout une vision positive de l'accompagnement, ce qui remet , en partie, peut-être en cause certaines des hypothèses que nous avions émises lors de l'élaboration du guide d'entretien.

5.2.3 Analyse de l'entretien avec Mme JOSY (réalisé par Laurence)

L'entretien s'est déroulé le 06 juin 2022 à 13 h 30 au sein du logement de Mme JOSY dans la résidence autonomie Gabriel Fontaine à Morangis de l'association ARPAVIE.

L'entretien a duré 32,5 minutes. Cet entretien a été effectué dans des conditions particulières, car j'étais de garde week-end sur la résidence, avec une obligation d'être joignable à tout instant. Au milieu de l'entretien, j'ai été interrompue par un appel téléphonique. Cela n'a pas eu de répercussions sur la qualité de l'entretien, mais mérite d'être souligné. Afin d'être moins dérangé, l'entretien s'est déroulé au sein du studio de la personne. Cela n'a pas empêché le téléphone de sonner et d'interrompre l'entretien, mais m'a évité d'être sollicitée directement.

L'entretien s'est donc réalisé avec madame JOSY âgée de 88 ans. Cette dernière est encore bien autonome, mais elle profite tous les jours d'une intervention d'une auxiliaire de vie qui vient chez elle deux fois trente minutes, soit une fois le matin et une deuxième fois le soir. Comme je suis impliquée dans la vie de la résidence depuis 2019, j'ai pu remarquer et assister malheureusement à l'évolution de son accompagnement ces dernières années et sa perte d'autonomie. À mon arrivée, madame Josy participait encore pleinement à la vie de la résidence, ce qui n'est malheureusement plus le cas maintenant.

La prise de contact avec la personne interrogée a été facilitée, car j'étais en poste en tant que garde week-end sur le lieu de l'entretien. Afin de réaliser une entrevue plus productive que celui qui a été réalisé antérieurement, celui-ci s'est effectué au sein même du logement de la personne afin de modifier des paramètres extérieurs qui avaient parasité le premier entretien. Malgré tout, je me suis rendu compte qu'il était compliqué tout de même de mener un entretien avec un résident sur son lieu de travail, sans que l'intéressé porte un jugement positif ou négatif sur ma pratique professionnelle.

Le choix du pseudonyme de la personne s'est fait parce que ses amis l'appelait Josy. Ce terme affectueux caractérise bien la personne qui fait toujours preuve d'empathie et de douceur. Mais la discussion a été largement facilitée, car les deux participants se connaissaient et se sentaient en confiance.

L'entretien d'une manière générale s'est bien déroulé. Et, essentiellement, ce qu'il faut en retenir, c'est que l'accompagnement est bien vécu par la personne. L'interviewé était de nature timide et réservée. Elle l'a exprimée clairement d'ailleurs en fin d'entretien. Cette dernière se serait plus facilement livrée dans d'autres circonstances, en tout cas on peut le supposer si la personne qui l'avait interrogée était un inconnu. Mais inversement, il est difficile finalement de s'en faire une idée qui reste dans tous les cas subjective. Il est important de préciser que l'accompagnement est bien reçu et perçu, car la personne connaissait avant l'auxiliaire de vie (ancien agent de restauration de la structure) et leurs relations étaient très bonnes, mais non familières.

J'ai pu effectuer aussi une première analyse de cet entretien. À la première hypothèse sur le vécu de l'entrée en établissement, on se rend compte que ce sont les mêmes circonstances qui ont poussé madame AC-DC, qui ont motivé l'entrée en résidence autonomie, soit le veuvage et le désir de rompre la solitude. Ceci est d'ailleurs bien exprimé par madame JOSY : on peut citer toute une partie de l'entretien menée pour le confirmer : *"Oui j'en ai pris conscience, ben quand mon mari est décédé. J'ai dit qu'est-ce que je peux faire (...) Je suis rentrée au mois de Juillet et elle est rentrée au mois d'Août!"* (p.92)

Elle exprime aussi que l'aide qu'elle reçoit tous les jours est un accompagnement bien vécu. Elle exprime son attachement à son auxiliaire de vie. Ces propos nous montrent que l'aide est mieux vécue si le professionnel qui intervient était déjà connu et que la relation de confiance est déjà présente.

La perte d'autonomie est plutôt bien vécue, car elle ne serait que physique et la personne ne présente pas de troubles cognitifs. Elle exprime clairement que pour elle, elle est encore autonome. La perte d'autonomie ,étant liée pour elle, seulement a des débuts de troubles de la mémoire.

Et la période COVID a plutôt été bien vécue car comme pour madame AC-DC un accompagnement a été proposé par la résidence. Elle l'exprime bien par : *"Non, mais elle essayait quand même de nous accompagner"* (p.92). Madame Josy exprime aussi très clairement que cette période a favorisé un élan de solidarité. Elle le dit : *"Ben (hésitation, silence) oui on s'est plus rapproché je crois les unes des autres."* (p.91)

On se rend compte qu'elle envisage la vieillesse avec plus de sérénité que madame AC-DC. Elle exprime très clairement que pour elle, les générations futures devront s'impliquer pleinement dans la prise en charge de leurs aînés. Elle l'exprime d'ailleurs en fin d'entretien : *"Ce serait bien si la génération suivante s'occupait beaucoup plus des aînés (...) Y a la jeunesse qu'on voit maintenant qu'on voyait pas avant"* (p.95) On sent qu'elle garde espoir pour le futur.

Pour conclure, on peut supposer que la relation d'aide est sûrement mieux acceptée lorsque l'aidé connaît auparavant l'aidant professionnel. Au contraire, on peut supposer au vu de ce qui a pu être énoncé lors de cette entrevue que la relation d'aide est plus compliquée à accepter lorsqu'elle vient d'un proche avec lequel on entretient un lien affectif. Cet entretien nous fait penser que l'avenir ne peut être que meilleur.

5.3 Analyse globale des entretiens :

Un entretien semi-directif est un échange verbal entre deux personnes. C'est un moment d'écoute, d'empathie et de partage. Souvent, son élaboration est motivée par la quête de réponses à une problématique. Dans le cas d'espèce, nos entretiens pour répondre à la problématique suivante " ***Comment est vécu l'accompagnement ? Regards croisés.***" nous ont conduits à confronter nos hypothèses afin de les affirmer ou de les infirmer. De ce fait, il ressort un lien intrinsèque. Avec ce thème, nous avons pu constater que l'accompagnement peut être parfois bien vécu selon les circonstances. Contrairement à ce que nous avions pu supposer. Les réflexions des personnes interrogées nous ont permis de valider cette affirmation après "confrontation des hypothèses aux faits" [1].

L'ACCOMPAGNEMENT ; LA RENTRÉE EN ÉTABLISSEMENT OU L'ACCUEIL DES SERVICES À DOMICILE.

Maintenant, intéressons-nous à "**l'accompagnement ; la rentrée en établissement ou l'accueil des services à domicile.**" Pour aborder l'hypothèse : *L'entrée en établissement ou l'accueil des services à domicile, peuvent être vécus par la personne âgée comme un déchirement, une rupture avec la vie d'avant ?*

Nous sommes intéressés d'abord aux représentations que les personnes interrogées avaient de la signification du mot accompagnement. En parallèle, nous avons souhaité connaître leurs motivations, leurs vécus, leurs attentes. Ensuite, ces échanges nous ont conduits à nous interroger sur la place occupée par les proches dans cet accompagnement. Enfin, nous avons voulu comprendre comment la personne âgée perçoit l'évolution de son lieu de vie.

---

[1] Alain Blanchet, Anne GOTMAN. *L'enquête et ses méthodes. L'entretien,* Armand Colin, Paris, 2011.

La signification du mot accompagnement.

Pour les trois personnes interrogées, le sens donné à ce mot est différent. Cela dépend de différents facteurs, tels que l'environnement, le passé professionnel et familial. Pour Monique, la notion d'accompagnement prend une dimension professionnelle, avec un aspect psychologique, puis pratique. En effet, elle considère que l'accompagnement s'est transformé et qu'il n'a que l'aspect technique. Par exemple, dans son témoignage, elle dit : *"Mais l'accompagnement, vous voyez, le défaut, c'est qu'on a tendance à voir l'aspect psychologique, mais pas le concret, le pratique ... Ben, moi, c'est ce que je ressens... Et alors, je compare avec ce que j'ai connu, parce que ... Le problème, le problème actuellement, justement, c'est qu'ils accompagnent n'est pas intelligent du tout à l'hôpital ! Hein ? C'est fini."* (p. 34).

Pour Mme AC-DC, l'accompagnement est lié au fait d'être secondé par une personne de confiance lorsqu'elle aura du mal à se déplacer. En effet, lors de l'échange, elle affirme : *"Je crois que je le vivrai bien si je tombe sur une personne sympathique : converser correctement et puis que l'on puisse aller faire un petit tour tous les jours, si j'ai du mal à me déplacer, qu'elle puisse faire les courses éventuellement, si je ne peux plus les faire. Être secondée dans mon intérieur pour être toujours bien au propre, ranger tout. Une personne de confiance et alors là décontractée. On a besoin d'une personne dans ces cas-là. "* (p.74).

Pour Josy, l'accompagnement est lié à la présence d'une personne. Comme elle le précise dans son discours du 6 juin 2022 : *"C'est difficile à dire. Moi, j'en n'ai pas encore besoin, trop. Alors, mais pour l'avenir, on ne sait pas comment ça peut tourner, alors une personne. Euh, qu'est-ce que je pourrais vous expliquer : qui est là, enfin cette personne qui est là, pas tout le temps, m'enfin, ce serait une présence."* (p. 87).

Les motivations, leurs vécus, les attendus de ce changement de vie.

Lorsqu'on questionne les trois personnes, sur les éléments déclencheurs de ce changement. Les avis divergent. Mais certains facteurs communs se précisent, comme l'état de santé et la solitude. Il est important de souligner que ce choix s'est fait sans contrainte, et qu'il est clairement assumé par celles-ci.

Pour Monique, c'est d'abord son état de santé qui l'a motivée à faire appel aux services à domicile. Car elle a conscience de sa situation et son évolution ; comme elle le précise lors de l'entretien : *"Moi je suis pour le maintien à domicile ! Je reconnais hein ? Mais le maintien à domicile, si je prends mon cas particulier, que je n'ai plus de proches ! Vraiment !"* (p. 45) et *"Bah ! Parce que j'étais là, pour le coup, au fond de mon lit, handicapée et que je n'ai pas de famille !"* (p.47). Rompre avec la solitude est également un des facteurs de motivation, comme elle le dit : *"Oui, c'est vrai que moralement, moralement j'entends ! Là, c'est la solitude ! ... On peut être seule au milieu de la foule !"* (p. 54).

Le recours à un service à la personne est bien vécu et considéré comme une évidence pour Monique. Cependant, elle porte un regard ambivalent sur la structure S.A.D., ainsi que sur l'intervenante, à la fois sceptique, puis en totale empathie. D'une part, elle est très critique sur le fonctionnement de la structure et les personnes envoyées chez elle pour l'aider, *" je n'ai rien compris à leur fonctionnement (l'agence de service à la personne), .. On a l'impression que dans l'équipe (...) là enfin (...). Bah, ah ça ! Moi, je me suis lancée en plein là-dedans ! Alors là ! Je le regrette... "* (p. 32). Puis, plus loin, au cours de l'entretien, elle défend la même structure de service à la personne, lors des entretiens avec l'évaluatrice de l'APA *"Je les ai rappelés depuis. J'ai dit : « écoutez-moi la société qui m'envoie quelqu'un. Elle s'applique ... "* (p. 49). Monique réagit de la même façon avec l'intervenante à domicile. D'abord, c'est avec un regard sévère et critique qu'elle définit l'intervenante *"parce qu'elle arrive plus fatiguée que moi ! En apparence ! Alors que voulez-vous que je lui demande ? ... C'est comme, je la vois arriver ! Oh là là ! Elle est habillée comme une petite pin-up, une gamine ! Quand elle dit qu'elle est toute seule, je n'en crois pas un mot. Vous voyez, c'est... ! Moi, je suis un peu naïve, malgré tout, mais au bout d'un moment, il y a des choses qui s'éclairent quand même. "* (p. 33). Puis, elle est en empathie avec l'intervenante INRINKA. *"Alors ! En plus, je pense qu'elle ne se nourrit pas très bien ! Elle a des problèmes de santé, elle a 67 ans passés. "* (p.33).

Pour Mme AC-DC, l'arrivée en résidence autonomie est motivée par le maintien du lien social et cela est très présent dans son discours : *"et puis un jour, toute seule, j'ai décidé de venir m'y installer. Ça fait 10 ans, et je suis très très bien, je ne le regrette pas du tout"* (p. 73). Cela se poursuit, dans ses attendus au sein de la résidence autonomie, lorsqu'elle nous explique ses activités : *"Justement ce que j'ai trouvé ici, c'est que je ne l'avais plus chez moi toute seule, entre les cours de scrapbooking, le chant, la gymnastique, les randonnées avec les copines et tout, le scrabble tous les jours l'après-midi. Je n'aurais pas cela toute seule."* (p.74).

Par son discours, elle nous fait comprendre que cet accompagnement et ce désir de rentrer dans cette démarche : ici en l'occurrence entrer en résidence autonomie est un acte volontaire et réfléchi qui n'est pas fait sous la contrainte. Cependant, elle a regard critique, quant à l'évolution de la population de la résidence. Pour elle, ce type de structure ne doit accueillir que les personnes en pleine autonomie : *" Et, là, ce qui, ce qui change énormément, je parle de cet établissement, c'est que depuis...Oh oui ça fait bien un an, plusieurs mois, c'est,... les personnes qui rentrent, pour faire le plein de la résidence, des personnes très âgées, handicapées ou qui perdent déjà la tête et tout. On a plus du tout de vie. "* (p. 80)

Pour Josy, l'arrivée en résidence autonomie est motivée par le maintien du lien social, l'état de santé vient en deuxième. *"parce qu'en pavillon on est toute seule ! Les voisins sont au travail. Le dimanche, ils sont occupés, on est toute seule dans un pavillon. Que là, on descend, on voit du monde, c'est plus entrain c'est plus…"* (p.90) Se considérant toujours autonome, elle bénéficie des services d'une auxiliaire de vie *"C'est la santé qui a motivé ma demande. Vous la connaissez, Christelle intervient chez moi. C'est la santé qui a motivée, ce recours à une aide "*(p. 87).

Concernant le type de prestation dont les personnes interrogées bénéficient, l'une d'entre elles bénéficie d'un service à la personne (Monique), les deux autres sont en résidence autonomie (Mme AC-DC et Josy). Ce qui ressort de ces entretiens, c'est que les personnes interrogées attendent de l'accompagnement, une aide au quotidien pour accomplir les gestes de la vie, ainsi qu'au niveau administratif, sans pour autant s'y substituer à leur volonté. La façon dont elles ont vécu ce changement est en revanche différente. Pour Mme AC-DC, on se rend compte aussi que l'accompagnement ne se caractérise pas seulement par une aide humaine (en particulier en résidence autonomie) et qu'il se caractérise par les activités proposées ; amélioration du quotidien, éviter la perte d'autonomie et favoriser le lien social.

Ces entretiens nous font prendre conscience que l'accompagnement représente un coût, et qu'il peut être plus ou moins bien vécu, en fonction des revenus de chaque personne. Le témoignage de madame AC-DC, illustre cela : *"Si pas mon livret de caisse d'épargne, je ne pourrais pas vivre jusqu'à la fin du mois"* (p. 78) . Pour Monique, la question du budget est également un facteur important et cela conditionne son quotidien : *" Le problème, c'est le budget, parce que je ne me plains pas par rapport à d'autres ! Hein ? Moi j'ai 2000 euros par mois, alors il y en a beaucoup qui voudraient bien avoir Mais j'ai beaucoup de dépenses en soins, tout ça ! J'aime bien faire des cadeaux, en plus ! (rire). "* (p. 64).

La place occupée par les proches dans cet accompagnement.

La perception de la place des proches dans l'accompagnement est également différente. Pour Monique, la dernière d'une fratrie et que ses parents sont décédés. Elle n'a plus de contact avec ses proches. Car selon elle, ils auraient peur de devoir la prendre en charge *"Alors je pense que sa fille a eu peur que moi je sois aussi à leur charge ! Alors, elle m'a carrément dit : « Tu n'as pas les mêmes valeurs que nous ! » Et depuis, plus de nouvelles !"* (p. 53).

Pour Mme AC-DC, très indépendante, qui a deux filles, ne voit sa famille qu'une fois par an : *"Vu que mes enfants sont tous loin, dans le Midi. Je ne les vois qu'une fois par an ! Donc, tant que je suis autonome, je me débrouille toute seule !"* (p.74). Consciente du besoin d'un accompagnement administratif, elle se retourne vers ses proches pour ce service. Ceci est bien illustré par madame AC-DC : *"Ah ben mes filles et puis mon gendre, maintenant il m'a dit, vous n'avez plus à vous occuper de la feuille d'impôts puisque c'est par ordinateur que je n'ai pas, c'est lui qui s'en occupe entièrement"*(p. 78).

Pour Josy, qui a une fille, ne veut pas être un poids pour sa fille, ne lui demande qu'une aide administrative. Elle nous dit en parlant de sa fille :*"Son foyer et puis ils ont des ennuis aussi alors (euh), (rire) je veux rester indépendante tant que c'est possible, elle s'occupe par contre de tout ce qui est administratif."* (p.87).

La frontière entre aidants et aidés.

Au cours des entretiens, on prend conscience, également, que l'accompagnement peut prendre une forme bien particulière et que **la frontière entre aidants et aidés** est très faible. Cela s'illustre par exemple au sein de la résidence autonomie où, grâce aux liens amicaux, les aidés deviennent des aidants. En rendant des visites régulières aux autres résidents qui se retrouvent seuls dans leur studio. La frontière entre aidants et aidés se trouve non définie et inversement l'aidé peut devenir aidant.

La résidence autonomie pourrait être qualifiée ainsi d'accompagnement, car elle permet à la personne de ne pas être seule, d'avoir, aussi, une présence au contraire du domicile où l'on est souvent très seul.

Cette singularité de l'accompagnement s'illustre aussi au sein de l'entretien mené avec Monique. Lorsqu'elle explique clairement ce qu'elle attend de l'aide de son auxiliaire de vie, mais se positionne également en qualité d'aidante pour son intervenante : " *Alors ! En plus, je pense qu'elle ne se nourrit pas très bien ! Elle a des problèmes de santé, elle a 67 ans passés ! Mais elle est venue en France parce qu'elle avait perdu son mari (problèmes cardiaques), elle a perdu sa fille (problèmes cardiaques) et avait un fils aussi, il y avait une leucémie (décédé).* " (p.33).

On se rend compte que Monique se positionne ainsi, par son empathie, ayant le devoir, elle aussi, d'accompagner son intervenante, qu'elle considère dans une situation compliquée. En qualité d'ancienne cadre de santé, elle a particulièrement conscience des difficultés du secteur et de la précarité de ces salariés. On peut ainsi affirmer que l'accompagnement est vécu comme une évidence pour ces générations qui ont connu des situations particulières. À l'instar des propos cités supra par Monique et en particulier, comme l'illustrent les propos de Josy : *"Euh! Vous savez, il fallait, il fallait faire face"* (p. 88).

Leurs perceptions de la possible évolution du lieu de vie

L'évolution du lieu de vie est également au cœur des préoccupations des personnes interrogées. Nous avons pu poser des questions en lien avec l'E.H.P.A.D., même si nous n'avons pas pu mener d'entretien dans cette structure.

Pour certains, la vision de l'accompagnement vers l'E.H.P.A.D. peut prendre une forme positive et idéalisée comme un moyen pour rompre l'isolement lorsque l'on se retrouve en grande dépendance.

Ceci est exprimé clairement par Mme AC-DC : *"Mais elles ont une chose quand même en E.H.P.A.D. que je trouve quand même, bien, il faut le reconnaître, c'est que le personnel, il va chercher les personnes en fauteuil roulant, ils les amènent dans une pièce et les personnes ne sont pas seules elles voient du monde"* (p. 76).

Cependant, cela ne cache pas la crainte de l'évolution vers la dépendance. Madame AC-DC l'exprime très clairement au travers de sa peur d'aller vers un accompagnement futur en E.H.P.A.D. C'est même, et on le comprend dans ses propos, une grande angoisse. *"Moi, je préfère, plutôt que d'aller en E.H.P.A.D., mourir."* (p. 75).

Mais aussi, cet accompagnement en EHPAD peut être mal perçu et la personne considère que les établissements ne s'intéressent pas suffisamment à la personne, mais ils ne voient que le moyen d'en tirer profit. Mme JOSY nous l'illustre par ses propos : " *Je crois, ils ont essayé de s'enrichir (rire)"* (p. 94).

LA QUALITÉ DE L'ACCOMPAGNEMENT PENDANT LA COVID.

Nous abordons maintenant le thème de **"la qualité de l'accompagnement pendant la COVID"** et nous essayerons de répondre à *l'hypothèse : Pour les personnes âgées, la crise sanitaire liée à la COVID a-t-elle altérée la qualité de l'accompagnement ?* Pour aborder ce thème, nous avons questionné les trois personnes sur leur perception de la crise sanitaire et sur l'impact de la crise dans leur quotidien.

La perception de la crise sanitaire et impact dans le quotidien

À la lecture des entretiens, il ressort que la crise sanitaire n'a pas été vécue de la même façon. D'une part, pour les personnes en résidence autonomie, par les mesures mises en place par la structure. En particulier pour les résidents en résidence autonomie où la directrice a su organiser cela de telle manière à ce que les personnes ne se retrouvent pas démunies et seules à, y, faire face à cette crise justement. Ceci nous a été expliqué lors de l'entretien par madame AC-DC :

"Alors là, on ne peut mieux, vous vous rendez compte qu'on a été (...) Ah, non non, alors là !" (p. 78).

À l'inverse pour Monique, qui était accompagnée par un service d'aide à domicile. La période du confinement de la crise sanitaire a été mal vécue, mal perçue, comme finalement la poursuite de sa solitude. *"Bah je vais vous dire franchement, j'étais coincée chez-moi, non pas à cause de la COVID ! Mais à cause de mes problèmes ! ... Oui, par contre, ils avaient été géniaux au niveau de la mairie ! À ce moment-là et ils nous envoyaient quelqu'un pour faire les courses !"* (p. 64). *"Je n'ai pas été suffisamment entourée, mais je ne me plains pas !"* (p. 62). À plusieurs reprises, cela se ressent dans ses propos *"Ouais ah, Oui, c'est vrai que moralement, moralement j'entends ! Là, c'est la solitude !... On peut être seule au milieu de la foule !"* (p. 56). Pour illustrer sa solitude, Monique parle de son amie de 90 qui a sa famille autour d'elle et que le fils de son amie s'occupe de la maison. *"Vous voyez, c'est ça qui me manque par exemple ! ... Parce que ça, c'est mon gros point noir hein ?"* (p. 66).

On remarque cependant qu'au sein de la résidence autonomie, la crise sanitaire a éloigné les résidents, les uns des autres. Car ils n'ont plus la possibilité de faire des activités communes, cela est particulièrement remarqué par Mme AC-DC qui considère qu'il n'y a plus de vie sociale depuis cette crise : *" Je peux pas vous dire, ... Vous savez on a tellement perdu le moral dans le contact avec les autres, parce qu'il y a plus de contact du tout, on a perdu énormément avant, je sais pas, on était ensemble pour parler de tout ça comme on a plus le droit ? (...) Ah ben, c'est pas un groupe, on est plus du tout ensemble, rien du tout (...) Plus de groupe, plus de lien, il y en a dans la bibliothèque, y en a dehors, y en là plus du tout de ... "* (p. 79).

Lors de cette crise sanitaire, la vision des relations et de la solidarité entre les personnes a changé. Indifféremment des capacités de celles-ci à se déplacer, ou bien que la personne soit obligée, par la force des choses, à rester chez elle.

Il paraît évident que la crise sanitaire a été vécue différemment, selon que l'on soit seule à son domicile ou au sein de son domicile en résidence autonomie.

La crise sanitaire a été mieux vécue au sein d'une résidence autonomie, comme le témoigne madame JOSY : *"Ben (hésitations, silence) on s'est plus rapproché je crois les unes des autres - Ça a créé une solidarité ?- Oui, oui - D'accord, oui j'ai compris Mme AC-DC vient vous voir régulièrement, c'est ça tous les jours elle vous rend visite ?- Tous les jours ou tous les deux jours c'est comme ça, si je descends pas, elle monte, elle s'inquiète obligatoirement de moi, oui, oui, oui !"*(p. 91)

Pour les personnes à domicile, la crise sanitaire a été vécu comme un sentiment d'abandon par les autres, mais aussi en particulier des institutions qui prennent en charge les personnes âgées, pour cela nous allons utiliser un extrait de ce dossier : *"Elle se plaint, mais témoigne de façon implicite de l'absence de visite de la part de l'évaluatrice de l'APA."*(p. 7)

En conclusion, par rapport à ce thème, on se dit que l'on ne peut pas trancher sur le fait que cette crise sanitaire a pu être bien ou mal vécue. Cela dépend de la perception que la personne peut avoir de l'accompagnement et qu'elle soit issue d'une famille nombreuse ou non.

LA PERTE D'AUTONOMIE.

Maintenant, nous allons aborder un autre thème **"la perte d'autonomie"** vécue par la personne âgé et nous allons essayer d'analyser au travers de nos entretiens et les confronter aux deux *hypothèses : L'accompagnement n'est pas toujours bien perçu par la personne âgée et pourrait, selon-elle, s'apparenter à un début de perte d'autonomie. Puis l'anticipation de la perte d'autonomie par la personne âgée favorise l'acceptation d'un accompagnement adapté et plus serein.*

Pour aborder ce thème, nous avons questionné les trois personnes sur leur perception de la perte d'autonomie sous l'angle de leur propre évolution, puis à l'égard de leurs proches.

La perception de la perte d'autonomie sous l'angle de leur propre évolution

À l'analyse des entretiens, il apparaît formellement qu'il y a une volonté des personnes interrogées de ne pas faire supporter cette dépendance à leurs entourages. Selon leur expérience face à la dépendance, l'approche n'est pas la même, pour certaines la notion d'aide est vécue comme un devoir, une obligation. La perception de la perte d'autonomie est vécue différemment, selon son histoire familiale et son parcours professionnel.

D'ailleurs, nous avons constaté que lorsque la personne âgée était auparavant proche-aidant, sa perception de la perte d'autonomie est plus anticipative des besoins, alors que si la personne âgée, n'a pas été confrontée à cela, cela peut conduire à une forme de dénégation.

Monique est consciente de ses difficultés, néanmoins, elle refuse le tout numérique (traiter ses problèmes par mail) et préfère le contact avec le service client d'Orange *"mon rendez-vous c'est pour aller voir le responsable de l'agence d'Orange d'à côté. Parce que moi j'ai bien l'ordinateur, mais parler aux murs et à l'écran ça ne me va pas !* "(p. 64).

À titre d'exemple, Mme AC-DC, qui n'a pas été confrontée à cette situation, porte un regard d'effroi face à cette perte d'autonomie et parle de déchéance. Pour se rassurer, elle a rédigé ses directives anticipées : *"Tout est inscrit. Je ne veux pas être réanimée enfin comme on dit avec éventuellement des séquelles qui sont pour moi difficiles à vivre. Oui ben, c'est d'accord, s'ils appellent mes deux filles, tout est d'accord là-dessus"* (p. 77), car selon elle, la perte d'autonomie est associée à une forme de *"déchéance"* (p. 76).

A contrario, Josy accepte sa situation et déclare avoir *"lâché prise"* (p. 92) concernant la perte d'autonomie. Cependant, elle ne souhaite pas imposer à sa fille la même situation qu'elle a vécue auparavant. On voit bien dans son propos une volonté de ne pas être une charge pour ses enfants, lorsqu'on sera en grosse perte d'autonomie : *" Non, non, je ne veux pas de ça justement, j'ai voulu que ma fille soit indépendante. Elle n'a pas le caractère à ça. Enfin, qu'elle ne soit pas esclave"* (p. 89).

La perception de la perte d'autonomie comme une charge pour les autres

Ce désir de ne pas faire supporter sa dépendance aux autres transparaît aussi dans les propos de Monique lors de son entretien. Voici un extrait de ce dossier pour le prouver : "Consciente de sa perte d'autonomie progressive, Monique veut tout organiser et ranger son environnement pour qu'une fois que cela ne soit plus possible, elle puisse se libérer de ce poids.

Lors de l'entretien, la notion de rangement est très présente." Là aussi une volonté de vouloir que tout soit en ordre et ne pas laisser le loisir aux autres de le faire à sa place. En continuant l'analyse de nos entretiens, on se rend compte que tout au moins pour les personnes qui se sont tournées vers la résidence autonomie, ce changement de vie n'a pas été généré par la perte d'autonomie, mais par le veuvage.

La perte d'autonomie, on peut le supposer, dans ces circonstances, serait liée à l'isolement et la désocialisation que cela génère. Ainsi, on se rend compte qu'en cas de perte d'autonomie, ce qui reste le plus important et de ne pas subir la solitude. Ceci s'illustre dans les propos de madame AC-DC : *"Je ne me vois pas faire cela, je préfère aller en E.H.P.A.D. plutôt que de rester enfermer dans un studio, même si on vous rend visite. Vous vous rendez compte de la solitude après."* (p. 75).

Pour certains, ils ont conscience de leur perte d'autonomie et pour d'autres, c'est plus difficile d'en prendre conscience. Ils estiment ne pas être encore en perte d'autonomie.

Monique par exemple est consciente de sa perte d'autonomie, nous pouvons nous référer à notre dossier : "Monique est parfaitement consciente de sa perte d'autonomie et de son état de santé. Au cours de l'entretien, elle y fait mention de ses pathologies de façon décomplexée et ne cherche pas à négliger l'impact du quotidien."

Et pour d'autres, il est plus difficile d'admettre qu'on n'est plus aussi autonome qu'avant, voire il y a un refus et une peur de ne plus être autonome. Par exemple pour madame AC-DC : *"Ne plus pouvoir me déshabiller ou m'habiller surtout ne plus pouvoir me laver vous rendez compte de notre complexe heinnn! alors là, personne n'est plus rien à ce moment là moi ça me fait peur c'est pour ca que j'ai peur je me maintiens le plus possible parce que le jour où ça tombe! Vous vous rendez compte quand vous pouvez même plus vous habillez (...) Là c'est affolant"* (p. 76).

Et pour certains encore, ils veulent encore penser qu'ils sont autonomes. Madame JOSY l'exprime bien : *"Ben, comme je suis (rire) heureusement que j'ai encore ma tête, ah oui (...) Oui, oui, je me sens encore autonome tout de même. Et j'espère le plus longtemps possible."* (p. 89).

LA SOCIÉTÉ ET LE VIEILLISSEMENT.

Et enfin nous allons pouvoir analyser notre dernier thème : **la société et le vieillissement,** toujours au travers des entretiens et les confronter à *l'hypothèse : Face à l'âgisme dominant, le vieillissement n'est pas forcément bien vécu dans la société actuelle, en particulier par la personne âgée.*

Pour aborder ce thème, nous avons questionné les trois personnes sur leur perception du vieillissement et comment ils l'avaient anticipé sous l'angle de leur propre évolution, puis à l'égard de leurs proches. Ensuite, nous avons abordé leur perception du lien intergénérationnel. Enfin, nous sommes intéressés aux activités occupationnelles.

L'anticipation et la perception du vieillissement

Ce qui ressort par rapport à ce thème, c'est que les personnes âgées ne pensaient pas à la vieillesse avant. Elles n'envisageaient pas à l'avance leur vieillesse et la manière dont elle pourrait la vivre.

Par exemple, madame JOSY nous en parle : *"Oh oui , oh oui, parce que j'étais entourée de personnes âgées, elles étaient toujours très gaies, très dynamiques."* (p. 91). On aurait pu supposer que la vieillesse puisse être anticipée si l'on en a une mauvaise image.

On remarque aussi que les personnes de cette génération ne se sont pas posées de questions quant à leur avenir au moment de leur vieillesse. Ils ont finalement accepté les choses, les événements comme ils venaient. C'était peut-être plus facile à leur époque. Nous avons affaire ici à la génération des papys et mamys boomer pour qui leur avenir était tout tracé sans encombres.

Si l'on parle d'âgisme et que l'on demande comment vivez-vous votre âge, on a deux réponses.

Madame JOSY nous y répond : *"En ce moment je vis mal mon âge avec mes jambes, ça me fait mal. (rire)"* (p. 92).

L'âge serait mal vécu à cause d'une dégradation physique. Ceci est confirmé par Monique qui ajoute que la société, le corps médical renvoie cette image à la personne âgée. Nous l'illustrerons en citant notre dossier : à l'hypothèse concernant la société et le vieillissement, Monique dresse un portrait réaliste de la société face à l'âgisme.

Elle s'insurge d'ailleurs contre la prise en charge des personnes âgées par le corps médical, comme si l'avancée en âge était synonyme de fin de soins. *"C'est très négligé... dans le maintien d'une certaine capacité physique et mentale !"* (p. 45).

La perception des relations intergénérationnelles

Quant à la question en lien avec les relations intergénérationnelles, elles paraissentt indispensable aux personnes interrogées, en particulier les personnes habitant en résidence autonomie qui sont le plus confrontés à ce type de situation.

Globalement, ces relations intergénérationnelles fonctionnent bien, mais parfois la qualité de la relation ne répond pas aux attentes des personnes âgées. Madame AC-DC nous en parle et met en exergue le fait que les relations avec les jeunes ne fonctionnent pas toujours et qu'ils ne respectent pas toujours les règles établies au début.

Elle donne en exemple une jeune fille qui n'aurait pas respecté les trois heures mensuelles de bénévolat pour pouvoir bénéficier d'un loyer modique. Nous pouvons citer madame AC-DC : *"on était d'accord pour qu'un étudiant vienne ici et puisqu'il paye tant par mois et qu'en compensation. Ils rendent service trois heures par mois, ce n'est pas beaucoup hein ? Trois heures pour une personne, ce n'est rien. Moi, j'étais contente d'avoir un jeune avec qui converser ! ... J'ai dit oui et voilà la seule personne qui est venue là-haut et bien on ne l'a pas vu ! Et puis, il n'y a pas eu de service rendu, rien du tout ! ... Avant, y avait des relations avec une école qui venait et on chantait avec eux, c'était mignon comme tout. Non, mais plus rien, plus rien du tout ! "* (p. 82).

Nous pouvons illustrer cela avec madame JOSY : *"Oui, quand les enfants viennent, oui, ils connaissent la vieillesse, pour moi par exemple, je n'en n'avais jamais vu de vieillesse avant"... Là, c'est, oh, je trouve que c'est agréable"*. (p. 94). *"Ce serait vraiment bien, si la génération suivante, s'occupait beaucoup plus des ainés ! ... Oui, je pense qu'il y en a, ils sont très dévoués, hein ? Y a la jeunesse qu'on voit maintenant qu'on ne voyait pas avant."* (p. 93).

Les activités occupationnelles

En dépit des difficultés liées au vieillissement, les trois personnes interviewées sont toujours autonomes et participent activement aux activités disponibles dans leur environnement immédiat.

Monique participe aux ateliers du centre culturel de son quartier, *"Bah, je vous dis, j'ai plusieurs activités, qui en même temps ne sont pas des bavardages ! Vous voyez ce que je veux dire ? Et il y a l'activité, bah, dessiner ! C'est sûr que maintenant je commence à avoir mal aux mains et je n'arrive plus à faire grand-chose ! Alors qu'il y a encore un an, je faisais aussi de la sculpture ! Tous les petits trucs là, c'est moi ! (objets dans son salon) "*(p. 54).

Pour maintenir le lien social, elle effectue également des cours de soutien scolaire : *"Les enfants que j'ai, c'est plus, en ce moment je m'occupe du petit Idriss. Lui, c'est l'aîné ! Mais, Ah ! Il est marrant comme tout, il est intelligent ! Il vient pour faire ses devoirs, il a déjà tout fait, tout compris, alors je lui fais répéter, mais sous forme de jeu ! (sourire) "*(p. 49)

Mme AC-DC participe également aux activités de la résidence autonomie : *"Justement ce que j'ai trouvé ici, c'est que je ne l'avais plus chez moi toute seule, entre les cours de scrapbooking, le chant, la gymnastique, les randonnées avec les copines et tout, le scrabble tous les jours l'après-midi. Je n'aurais pas cela toute seule."* (p.74).

Josy y participe également aux activités de la résidence autonomie:
"Oui, j'ai toujours à faire. Vous trouvez toujours le moyen de vous occuper. Mais tout de même, il y a beaucoup de choses... Je vais à la gym, je vais à la chorale, je vais au dessin." (p. 93).

6. Conclusions

Nous allons tout d'abord essayer de vérifier si nos différentes analyses vont nous permettre d'affirmer ou d'infirmer nos hypothèses de départ. Mais, nous nous sommes rendus compte que nous ne pouvions être si catégorique. Et que finalement, même si l'hypothèse proposée se vérifiait, nous nous retrouvions dans l'obligation d'y apporter des nuances. On se rend bien compte que rien n'est établi et que l'accompagnement reste un cheminement qui peut prendre plusieurs formes selon l'époque, l'état d'esprit de la personne accompagnée et les circonstances extérieures au moment où il est vécu.

Tout d'abord, la première hypothèse **"L'entrée en établissement ou l'accueil des services à domicile, peuvent être vécus par la personne âgée comme un déchirement, une rupture avec la vie d'avant"**, essayons de vérifier que cette dernière est justifiée.

Au regard des entretiens menés, nous pourrions dire que cette hypothèse est erronée en partie et qu'il faut y apporter des nuances. Lors de l'analyse des entretiens, nous nous sommes rendus compte que l'entrée en établissement et l'accompagnement en lien, restait un choix volontaire pour les personnes que nous avons interrogées.

Ce qui ressort de nos entretiens, c'est que ce choix est mieux accepté, si la personne le réalise lorsqu'elle est encore autonome. Mais on se rend bien compte, qu'il serait sûrement mal vécu, si ce choix devait se faire, lorsque la personne est en grande dépendance.

Faire appel à un service à domicile reste volontaire la plupart du temps comme l'entrée en résidence autonomie. Bien que les services d'aide à domicile puissent prendre en charge des personnes en grosse perte d'autonomie. Et au contraire, on peut supposer, comme cela est exprimé par les personnes interrogées, que l'entrée en E.H.P.A.D. se ferait plus par obligation et serait donc très mal vécu à ce moment-là.

Ce qui s'oppose à cette hypothèse serait que, finalement, la démarche de rentrée en établissement de type résidence autonomie ou de faire un appel à un service d'aide à domicile, serait plutôt vécu comme une continuité dans un parcours de vie. Au contraire, mais nous ne pouvons que supposer que l'entrée en E.H.P.A.D. pourrait être vécue comme une rupture, car malheureusement nous n'avons pas pu interroger un résident de ce type d'établissement.

Essayons ensuite de vérifier que notre deuxième hypothèse " **Pour les personnes âgées, la crise sanitaire liée à la COVID a-t-elle altérée la qualité de l'accompagnement ?**" s'avère justifiée.

Les personnes interrogées ayant répondu de façon favorable, nous démontrent que cette crise sanitaire n'a pas obligatoirement été mal vécue. Notamment les personnes vivant en résidence autonomie. Cela peut s'expliquer par le fait que les personnes âgées n'étaient pas totalement privées de liberté, puisqu'elles étaient à leur domicile dans la résidence. Et qu'un accompagnement avait été mis en place pour permettre de vivre mieux et sans danger durant cette période difficile.

Ce qui en ressort, c'est que la mise en place de cette chaîne de solidarité a évité de ressentir trop fortement ce sentiment de solitude, tout au moins pendant la période du confinement. Au contraire de la personne que nous avons rencontrée, prise en charge par un SAAD. Elle l'a vécu comme finalement un prolongement de sa solitude, même si, elle s'est sentie un peu soutenue, par certaines institutions publiques.

Comme toute hypothèse, il faut nuancer notre avis, car on se rend compte que pour certains la COVID a finalement éloigné les personnes les unes des autres et pour d'autres cette crise a créé un élan de solidarité entre les personnes. Malheureusement, nous ne pouvons toujours pas nous prononcer sur le vécu de la crise en E.H.P.A.D. Nous pouvons juste supposer que la réponse apportée serait sûrement nuancée et que cette crise aurait pu être vécue dans ce type de lieu comme une sécurité par rapport à la COVID, mais aussi malheureusement comme une perte de liberté.

À la troisième hypothèse formulée sous forme de 2 affirmations " **L'accompagnement n'est pas toujours bien perçu par la personne âgée et pourrait, selon elle, s'apparenter à un début de perte d'autonomie ; l'anticipation de la perte d'autonomie par la personne âgée favorise l'acceptation d'un accompagnement adapté et plus serein"**

À la première affirmation, on pourrait répondre que oui, l'accompagnement n'est pas toujours bien perçu dès lors qu'il s'apparente à la perte d'autonomie. En revanche, s'il est choisi et assumé comme la poursuite d'une nouvelle vie, on remarque que les trois interrogés l'assume pleinement dans ce cas-là.

L'accompagnement vers la perte d'autonomie serait plus difficile à accepter quand il est lié à une grosse perte d'autonomie. On se rend bien compte que les personnes refusent tout de même cette perte d'autonomie et que le but ultime est de rester le plus longtemps indépendant. On pourrait supposer que cette vision de l'autonomie serait induite par l'âgisme très présent au sein de notre société. Mais avec ces témoignages, on se rend compte que c'est aussi un enjeu personnel qui se joue là.

Concernant l'E.H.P.A.D., on ne peut se baser sur notre entretien, mais lors de lecture sur le sujet, on remarque malheureusement que l'entrée dans ce type d'établissement est souvent synonyme d'une escalade vers une perte d'autonomie encore plus importante. Des proches aidants témoignent fréquemment que par exemple leur parent est arrivé en étant en capacité d'effectuer sa toilette et que très rapidement cela n'a plus été le cas. On suppose que ceci est dû à des protocoles internes qui finalement entrave la liberté de la personne et ne lui laisse plus la possibilité de faire ses propres choix.

Quant à la deuxième affirmation, on peut dire que l'anticipation de la perte d'autonomie permet de la vivre plus sereinement. On peut l'affirmer et on le voit lors de nos différents témoignages, lorsque ce choix est volontaire et anticipé par la personne, il est bien mieux accepté.

À quatrième hypothèse concernant *La Société et le vieillissement, formulée : Face à l'âgisme dominant, le vieillissement n'est pas forcément bien vécu dans la société actuelle, en particulier par la personne âgée.*

La perception de l'évolution de la société, de l'âgisme et de leur propre vieillissement est globalement bien acceptée par les trois personnes âgées interrogées. Elles sont conscientes que la société et ses valeurs ont évolué. Le lien intergénérationnel existe, mais il n'est pas consolidé, comme en témoigne une des résidentes de la résidence autonomie. La personne âgée à domicile, perçoit cette évolution d'un point de vue structurel et cherche à rester présente dans la société, par le biais de ces activités bénévoles dans le centre culturel de son quartier.

À la perception du vieillissement, les avis sont plus nuancés. D'un point de vue strictement médical, les trois personnes interrogées sont pleinement conscientes de leur état de santé et de son évolution.

Du point de vue occupationnel, elles sont conscientes que certaines activités ne pourront plus être effectuées. Soit par l'incapacité physique de le faire, soit parce que celles-ci ne sont pas disponibles dans l'environnement immédiat.

Pour conclure, ces témoignages nous font prendre conscience d'une autre manière d'appréhender l'accompagnement en remettant l'humain au cœur de celui-ci. Il semblerait essentiel d'y réintroduire la notion de liberté afin de laisser à la personne la possibilité de faire son choix. On se rend bien compte que l'accompagnement ne se limite pas seulement à une aide apportée, mais prend sa source dans l'entraide et la solidarité

entre les personnes. Ce type d'accompagnement nous servirait à
devenir, chacun, des acteurs au sein de notre société et notre vie.

Bibliographie :

Alain Blanchet, Anne GOTMAN. L'enquête et ses méthodes.
L'entretien, Armand Colin, Paris, 2011.

Annexes

Liste des annexes :

N° annexe	Type de document	Nombre de pages
1	Guide d'entretien	3
2	Transcription entretien Monique	41
3	Transcription entretien Mme A.	13
4	Transcription entretien Mme J.	11

Préambule

Dans le cadre de la préparation d'une Licence Coordination des Établissements et Services pour Personnes Âgées en alternance, nous devons réaliser une enquête de terrain nous permettant de mieux comprendre le fonctionnement ainsi que les particularités des différents types d'établissements accueillants des personnes âgées.

C'est dans ce cadre que nous vous proposons cet entretien et que nous vous remercions chaleureusement pour le temps que vous nous accordez ainsi que les informations que vous accepterez de nous partager.

Sachez que cet entretien égayera notre dossier, mais restera confidentiel. Nous nous engageons donc à ne divulguer ni votre nom ni les éventuelles informations confidentielles que vous nous confierez.
De plus, notre dossier ne contiendra pas d'informations nominatives, il s'agit d'un travail de recherche sur le thème :

« **Comment est vécu l'accompagnement ? regards croisés** ».

Questions :

- Maintenant que je me suis présenté, pourriez-vous me parler de vous ?
  (âge, situation familiale, métiers exercés, …)

- Estimez-vous avoir une vie bien remplie ?

L'origine de l'accompagnement

- Si je vous dis accompagnement, qu'est-ce que cela signifie pour vous ?

- Qu'est ce qui a motivé votre recours à des professionnels ? Pourquoi ?
- De quel type accompagnement bénéficiez-vous actuellement ?
- Cette décision vient-elle de vous ou de vos proches ?
- Comment l'avez-vous vécu :
- Le fait d'arriver en établissement ?
- L'arrivée du service à domicile ?

<u>L'accompagnement et le lien avec la perte d'autonomie.</u>

- Comment le percevez-vous cet accompagnement ?
- Qu'est que cela vous a apporté dans votre vie quotidienne ?
- Est-ce que l'accompagnement correspond à vos attentes ?
- En quoi il pourrait mieux répondre à toutes vos attentes ?
- Si vous pouviez imaginer des services à la personne âgée, quels seraient-ils ?
- Quelle image avez-vous des différentes structures dédiées aux personnes âgées ?

<u>L'acceptation de la perte d'autonomie</u>

- Si je vous dis perte d'autonomie, qu'est que cela signifie pour vous ?
- Est-ce que vous connaissez vos droits aux différents accompagnements et aides ?
- Avez-vous des besoins non assouvis ? Lesquels ?
- Comment envisageriez-vous l'avenir ?
- Avez-vous connaissance de l'existence des dispositifs de protection (directives anticipées, personne de confiance, curatelle, tutelle, habilitation familiale) ?

<u>Les proches</u>

- Quel rôle jouent vos proches dans votre vie quotidienne ? Selon vous comment votre entourage perçoit-elle l'intervention des professionnels ? (Si la PA a une famille)
- Comment ça se passe ?
- Comment vous percevez l'intervention de vos proches ?
- Quel type d'intervenant avez-vous besoin ?

<u>La qualité de l'accompagnement pendant la COVID.</u>

- Comment avez-vous vécu la crise sanitaire ?
- Qu'est ce qui a le plus posé problème pour vous depuis le début de la crise sanitaire ?
- Est-ce que vous avez tiré du positif dans cette crise ?
- Comment vous-vous sentez depuis que la crise sanitaire a commencé ?
- Quels sont les principaux changements que la crise sanitaire a engendrés pour vous ?
- Depuis le début de la crise sanitaire quel type d'accompagnement vous a le plus aidé à traverser cette épreuve ?
- Avez-vous été suffisamment entouré pendant la crise sanitaire ?

<u>La Société et le vieillissement</u>

- Lorsque vous étiez jeune comment vous envisagiez votre avancée dans l'âge ?

- Comment vivez-vous votre âge ?
- Est-ce que vous pensez qu'il est difficile de vieillir dans la société actuelle ? Pourquoi ?
- Quelle importance attachez-vous aux échanges intergénérationnels ?
- Avez-vous un message à passer aux nouvelles générations ?

Entretien avec Monique le 29 avril 2022 à 10 heures

PERSONNE INTERROGÉE	Monique est âgée de 78 ans, célibataire sans enfants, vit seule dans son appartement à Villejuif. Dernière de sa fratrie, ses parents décédés, elle n'a pas beaucoup de contact avec sa famille.
DATE, LIEU, DURÉE, **COMMENT S'EST PASSE LA PRISE DE CONTACT**	29/04/2022 à Villejuif (domicile de Monique) environ deux heures. Le lien s'est établi très facilement, car j'avais déjà discuté avec Monique au téléphone et comme elle savait que je venais de la part de Laurence (ma collègue de Licence CESPA). Cela a beaucoup facilité la prise de contact et instauré d'emblée un climat de confiance mutuelle. Lorsque j'ai contacté pour planifier l'entretien, elle s'est montrée aussitôt disponible et n'a à aucun moment émis des réserves quant à cet entretien.
RÉFLEXION EN LIEN AVEC L'ENTRETIEN	D'un caractère jovial, elle a conscience de sa situation liée à sa perte progressive d'autonomie.
RÉSUMÉ DE L'ENTRETIEN ET IMPRESSION GÉNÉRALE	L'entretien s'est très bien passé. Compte tenu de la durée, les sujets traités, après analyse, il n'y a qu'une heure d'exploitable. Il ressort également que le passé professionnel de Monique a occupé une grande partie de l'entretien.

Légende :

– *Antonio CORREIA ESTRADAS (interviewer)*

Monique : (personne interrogée)

<u>Transcription intégrale de l'entretien</u>

— *On va commencer notre entretien, je vais vous poser quelques questions, je vais essayer d'aller vite, je sais que vous avez un rendez-vous aujourd'hui, il est à quelle heure ?*

Monique — Ah ! C'est à 14 h.

— *Ok donc, de toute façon, on aura terminé avant.*

Monique — Mais ce n'est pas loin, mais il faut que je mange, pareil à cause du diabète (rire). Je ne mange pas trop (rire).

— *Bien sûr ! Bien sûr.*

Monique — Oui

— *Comment on fonctionne, donc...*

Monique — Vous avez un plan, je suppose ?

— *Oui, j'ai un petit plan, le voilà.*

Monique — Voilà, vous avez tout est préparé ?

— *Tout est préparé.*

Monique — Bah, installez-vous. C'est pour ça que je vous ai dit, on s'installe ?

— *Je suis installé.*

Monique — Bah, vous ne voulez pas un stylo et tout ça quand même ?

— *En plus de l'enregistrement, j'ai de quoi. Regardez, toujours un stylo, toujours un crayon, le stylo BIC, Alors,*

Monique — Elle est très sympathique Laurence. Hein ?

— *Ah ! Oui, Laurence, c'est quelqu'un de très, très bien.*

Monique — Mais alors, je n'ai rien compris à leur fonctionnement (l'agence de service à la personne), parce qu'elle avait disparu (l'intervenante). Elle est revenue, puis alors on a l'impression que dans l'équipe (...) là enfin (...). INRINKA est Bulgare, est a (silence), mais elle comprend tout. Elle est là depuis en France depuis longtemps, alors madame BOURAFA me l'avait présentée, comme quelqu'un, qui s'implique énormément, qui avait besoin d'écoute. Bah, ah ça ! Moi, je me suis lancée en plein là-dedans ! Alors là ! Je le regrette, parce qu'elle arrive plus fatiguée que moi ! En apparence ! Alors, que voulez-vous que je lui demande ?

— Alors c'est ça, les aléas de personnes qui travaillent dans le service à domicile.

Monique — Qu'est qu'ils font ?

— Qui intervient, alors ?

Monique — Bah, vous savez ce qu'ils font ? Parce que je connais bien le système, parce que j'ai eu des parents avant... et tout ça, hein ! Eh bien, ils travaillent pour avoir la sécurité sociale, mais ils travaillent au noir à côté !

— Ah ! oui, ça ....

Monique — Alors résultat, bah...

— Tandis que si elle le fait, si elle travaille dans deux endroits différents, cela veut dire qu'elle n'a pas de temps de repos, c'est sûr qu'elle est fatiguée !

Monique — Alors ! En plus, je pense qu'elle ne se nourrit pas très bien ! Elle a des problèmes de santé, elle a 67 ans passés. Mais elle est venue en France parce qu'elle avait perdu son mari (problèmes cardiaques), elle a perdu sa fille (problèmes cardiaques) et avait un fils aussi, il y avait une leucémie (décédé).

— Ah ! Oui, là, ça veut dire que...

Monique — Alors, elle a... Enfin, c'est ce qu'elle nous dit…

— Oui, bien sûr.

Monique — J'ai fini par avoir des doutes par moments, aussi !

— Oh !

Monique — C'est toujours pareil.

— Je pense...

Monique — Vous savez, les gens nous baratinent pas mal aussi hein.

— Je pense que...

Monique — C'est comme je la vois arriver ! Oh là là ! Elle est habillée comme une petite pin-up, une gamine ! Quand elle dit qu'elle est toute seule, je n'en crois pas un mot. Vous voyez, c'est... ! Moi, je suis un peu naïve, malgré tout, mais au bout d'un moment, il y a des choses qui s'éclairent quand même.

— *Oui, Non, mais vous savez.*

Monique — Et ils me disent, bien là-bas, que (…) Oh là là ! Elle est difficile à gérer quoi ! Parce que…

— *Vous savez, il y a des personnes, qui, en fonction de leur âge, et en fonction de leur vécu, et je pense que…*

Monique — Voilà ! Elle a travaillé au noir toute sa vie,

— *Voilà, .*

Monique — On connaît. Hein ?

— *C'est ça, quand on a travaillé de façon structurée, en fonction de l'évolution et de l'environnement où on a grandi. Il y a des personnes qui n'ont pas eu d'adolescence et quand ils arrivent un certain âge. C'est à ce moment-là qu'ils ont la liberté de faire, tout ce qu'ils ont envie de faire, qu'après, voilà, ils découvrent la vie. Il y a des personnes à 50 ans, 60 ans qui se disent, qu'ils ont passé toute leur vie à travailler.*

Et qui a un moment donné de leur vie se rendent compte, que finalement elles ont vécu pour les autres, par les autres, et que c'est à ce moment-là qui, voilà ça malheureusement, et on ne choisit pas.

Alors, donc, on va commencer puisque, après, vous avez plein de choses à faire aussi.

Moi j'ai pris toute la journée, donc pour moi, c'est surtout pour vous.

Alors, notre thématique, je pense que Laurence vous a expliqué, Alors, nous, on fait une licence « Coordination des établissements et des services aux personnes âgées » avec une forte dominante sociologie. C'est une licence qui est raccrochée à la chaire de sociologie de l'UPEC, de l'université Paris-Est Créteil,

Monique — Ah ! C'est à Créteil ?

— *Oui, c'est à Créteil.*

Monique — Moi je n'avais pas compris ça.

— *On est rattachés, en réalité, la formation est faite par deux établissements, c'est l'INFA, c'est la fondation INFA qui est à Nogent et l'UPEC à Créteil.*

Monique — Voilà voilà ! Parce

que la fondation INFA moi j'en avais entendu parler.

— Oui, Oui, voilà, voilà ! En réalité, c'est une formation qui a été créée dans les années soixante-dix, qui initialement était dirigée exclusivement pour les directeurs d'établissement, dans le secteur de la gérontologie. On est spécialisé dans la gérontologie et progressivement, donc au début, c'était un DU, un diplôme universitaire qui s'est transformé en licence et master et donc, on est rattachée à la chaire de sociologie de l'UPEC. Pourquoi ? Parce qu'on a un grand volet sociologie pour comprendre la psychologie du vieillissement, la sociologie du vieillissement. Donc, vous voyez, c'est vraiment une plus-value dans ...., c'est un...

Monique — Bah, je voulais vous dire que la psychologie du vieillissement et la sociologie du vieillissement, c'est lié aussi à la sociologie des gens avant.

— Tout à fait, voilà, mais disons que contrairement à d'autres formations. Par exemple dans le secteur de la gérontologie, dans lequel ils vont avoir juste l'aspect gestionnaire et administratif.

Monique — Oui

— Nous, nous, avons la partie gestion, administration, mais nous avons surtout la partie sociologie.

Monique — Bah, ils ont ça dans le programme infirmière, pleinement oui.

— Voilà et c'est important. Pourquoi ? Parce que justement, nous, on, c'est pour savoir se mettre à la place de l'autre, savoir écouter, et donc la thématique de cette année, pour nous, c'est « l'accompagnement » et donc, Euh ... notre thématique qu'on va vous présenter, c'est : Comment est vécu l'accompagnement de la part des professionnels. Comment est vécu l'accompagnement de la part des proches aidants et comment est vécu l'accompagnement de la part de la personne qui en est bénéficiaire. Donc, la personne âgée. On considère qu'une personne âgée est ici en France (Même si pour moi il n'y a pas une question d'âge) à partir de 60 ans. Voilà, donc, ça, c'est notre autre approche et donc on est trois équipes, trois groupes. Il y a un groupe qui sont des professionnels, un groupe qui s'occupe des proches aidants et un groupe qui s'occupe des personnes âgées. Dont moi, j'en fais partie.

Monique — Oh là là !, vous allez mettre en commun ?

— Voilà ! On va tout faire...

Monique — Les trois aspects ?

— Oui, tout à fait, les trois aspects ! Voilà l'objectif, c'est qu'à la fin, de sortir une réflexion, qu'est qu'on... Comment les gens le perçoivent, comment les professionnels perçoivent l'accompagnement qu'ils prodiguent. Comment le proche-aidant perçoit l'accompagnement dont lui-même accompagne la personne âgée et comment la personne âgée perçoit l'aide. Vous voyez l'aide ? Quand je dis l'aide, c'est là qu'on parle bien plutôt d'accompagnement, dans l'ensemble. Vous voyez parce qu'auparavant...

Monique — Mais l'accompagnement, vous voyez, le défaut, c'est qu'on a tendance à voir l'aspect psychologique, mais pas le concret, le pratique.

— D'accord.

Monique — Ben, moi, c'est ce que je ressens.

— Oui, oui, mais c'est justement, pour commencer...

Monique — Et alors, je compare avec ce que j'ai connu, parce que...

— Bien sûr...

Monique — Le problème, le problème actuellement, justement, c'est qu'ils accompagnent n'est pas intelligent du tout à l'hôpital, hein ? C'est fini. J'ai une amie qui a 90 ans, qui s'est cassé le col du fémur. Hé bah, déjà, elle a traîné quatre jours aux urgences !
Après dans un service, où elle avait été opérée. Ils n'ont pas mis de protège-slip. Je ne sais pas ce qu'ils ont foutu ! Mais, alors, une femme de 90 ans avec une insuffisance rénale et d'insuffisance cardiaque, pas très grave certes. Qui était liée est déjà à quelque chose qu'elle avait eu avant. Un abcès appendiculaire antéro, vous voyez ? C'est grave hein ? Vous savez comment ils les soignent maintenant ? Ils ponctionnent.

—Ah ! bon ?

Monique — Avec le risque qu'elle fasse une péritonite !

— Oui ?

Monique — Mais bon, enfin elle s'en sort très bien ! Hein ? Mais elle a eu à un moment épouvantable, parce que justement, elle n'a pas vu le chirurgien, n'a pas vu l'anesthésiste. Alors en plus elle a une DMLA, alors elle ne voyait pas très bien des gens, qui s'ils s'étaient présentés oralement !

— Au moins oui !

Monique — Hein ? Bon, alors, elle s'en sort parce qu'elle a une famille !

— Voilà, mais ça, ça, c'est justement notre approche à nous, c'est de comprendre, justement comment la personne, comment on peut aider ou accompagner le proche aidant. Parce que le proche aidant aussi. C'est alors...

Monique — Mais le proche aidant, ça pose des problèmes aussi, hein ?

— Oui.

Monique — Et moi, voyez, je suis exactement le contraire, à savoir que (...). Bah, j'étais la plus jeune de ma famille. Ils sont tous morts ! Mon frère, entre autres, a été tué par une ambulance. Alors, vous voyez ? Il n'avait pas encore pris sa retraite.

— Ah ! oui.

Monique — Il faut le faire, hein ?

— Ah ! oui, mais ça, malheureusement...

Monique — En bicyclette !

— En bicyclette ? d'accord !

Monique — Et à un carrefour !

— A un carrefour ?

Monique — C'était vite passé, mais l'ambulance n'a pas vu le feu rouge, alors pour éviter la voiture qui venait à droite.

— Elle ne l'a pas vu...

Monique — Elle a fauché la personne qui venait de la gauche.

— Ah ! oui....

Monique — Malheureusement, il, faisait ça, avec un autre ami, vous savez ? Il faisait ça pour s'entretenir.

— Hum.

Monique — Il était ingénieur, plutôt un peu sédentaires, quoi ! C'est bête hein ?

— Ah ! Malheureusement dans la vie..

Monique — Eh Ben ! Ça m'a beaucoup manquée, puis mes parents, alors je les ai pris en charge totalement.

— Donc vous étiez proche-aidant ?

Monique — Oui !

— Jusqu'à quand, vous les avez accompagnés, hein...

Monique — Oui, et je suis même partie habiter chez eux à moment donné. Même mon père, il a fini ses jours à la Salpêtrière. Il avait une maladie neurologique qui ressemblait un peu à Alzheimer sur certains aspects. Un peu au Parkinson en même temps, parce qu'il avait des signes de Parkinson, mais ça ne le gênait pas tellement pour marcher, lui. Mais il était devenu muet, enfin, il a eu plein de choses quoi. Et là, moi je suis en train de suivre la même évolution.

— Mais non...

Monique — Avec un peu de retard.

— Il ne faut pas le voir ainsi ...

Monique — Et non, non, parce que moi j'ai de la chance est de ....

— D'avoir déjà accompagné d'autres personnes ? Donc... vous avez ... Alors, on va commencer !

Monique — Oui ?

— Alors ! C'est une question, normalement on ne pose pas ! Mais... Alors c'est, donc... Voilà je me suis présenté, on a déjà discuté un petit peu. Pourriez-vous parler de vous, donc votre âge, mais l'âge, vous n'êtes pas obligé de le dire. Mais, parlez-moi de vous.

Monique — Je n'ai pas de soucis avec cela.

— Un petit peu votre situation familiale, vos métiers. Un petit peu, Euh... Parlez-moi de vous, voilà !

Monique — Oh bah, je vais vous résumer ! Hein ? Je vais avoir 80 à la fin de l'année, juste avant noël (rire) ! J'étais le petit cadeau de noël de mes parents cette année-là (rire). Et j'étais la dernière avec beaucoup de différence d'âge.

— D'accord ! Vous êtes né en décembre ou le 25 ?

Monique — Je suis né le 21 décembre 1942 !

— 1942.

Monique — Et mes parents avaient été séparés par l'exode !

— Oh ! la la, Ah ! oui, c'était une période très particulière...

Monique — Parce que mon père travaillait chez Renault, qui avait été envahie par les Allemands et il s'est sauvé.

— D'accord.

Monique — Et puis, ben, ils ont été séparés pendant l'exode. Il est retourné vers (....). Lui avait déjà (...) Il avait été élevé dans une famille d'accueil ! Vous voyez ? C'était déjà, il avait déjà eu une enfance un peu difficile. Mais mes parents étaient adorables et vous voyez, c'est quelqu'un (rire). Comme ça se faisait souvent ! Vous voyez ? Qui les aimait bien tous les deux, qui les a rassemblés, si on peut dire. Donc, ce n'était peut-être pas le coup de foudre. Mais c'est un couple qui a tenu le coup pendant 60 ans. Jusqu'à ce qu'ils meurent à six mois d'intervalle.

— Ah ! Oui, 60 ans, c'est...

Monique — Hein ? Et ils sont morts tous les deux à 85 ans.

— D'accord.

Monique — Et à l'hôpital.

— Ça, malheureusement, parfois...

Monique — Et comme j'y passais ma vie, l'hôpital ! Alors, je la passais complètement du coup,

quoi ! Enfin, je venais dormir quand même.

— Et donc, donc vous avez choisi, le (métier)... parce que vous m'avez dit, vous avez étiez infirmière, vous avez choisi ce métier-là, par passion alors ?

Monique — Oui ! Par passion ! Euh... par goût surtout ! Vous voyez, moi, j'avais ma sœur aînée qui avait 15 ans de plus que moi, Hein !

Elle avait, donc, pendant la guerre 15 ans. Et moi, du coup... Bah, c'est le retour d'exode. Et puis, bon, voilà, hein ? Mais maman avait un fibrome. Si bien que moi, eh bah, j'ai... Maman a eu une grossesse un peu difficile, hein ? Mais parce qu'en fait, le fibrome, c'était comme un deuxième bureau, si vous voulez, hein ? Moi je suis un peu tordue d'ailleurs à cause de ça (rire). Parce qu'on a dû s'écraser mutuellement un peu, mais c'est vrai que j'ai gagné (rire)

— Oui...

Monique — Enfin, moi après, bah, j'étais la petite sœur ! C'était de rationnement ! Maman était malade, mon père, il traversait... On habitait Versailles, il traversait jusqu'à trappe. Il y avait aussi les Allemands qui bombardaient ! Pour aller dans une ferme, chercher du lait pour me nourrir (rire). Il m'a tricoté ma première brassière avec des vieilles chaussettes à lui ! (rire) Vous voyez dans quelle,.. Hein ? Mais moi ça, ce sont eux qui m'ont raconté, hein ? Moi, je ne me souviens pas tout ça !

— Oui, vous étiez encore bébé.

Monique — On m'a toujours dit «écoute-toi !» On a l'impression que tu étais chargée de mission, quand il y avait les bombardements, qu'on descendait dans des caves. En plus, on habitait pas loin du château de Versailles et toutes les caves communiquaient entre elles jusqu'au château. Cela peut,... vous devinez ce qu'on a fait (rire) Ce qu'ils ont fait... Eh bien, les Allemands n'étaient pas si méchants à Versailles, heureusement (soulagement). Enfin, ma sœur était au lycée, et puis au lycée, ils venaient ramasser les petits juifs quand même. Alors, elle aussi, a fait de résistance comme ça. Elles avaient toutes un procédé pour essayer de les cacher, de les protéger, et de taper dans les radiateurs pour prévenir de l'arrivée des Allemands ! Enfin il y avait tout un truc.

— Oui, pour se cacher, pour protéger les enfants...

Monique — N'empêche, elles ont vécu ça aussi ! Ma sœur, ça l'a marquée et je peux vous dire qu'à 15 ans, elle a été très, très marquée par la guerre. Mais alors, après les bombardements, que faisait-elle ? Elle partait faire du secourisme !

— Eh voilà !

Monique — Et je crois que c'est ça qui me...

— Qui vous a ?

Monique — En plus, bah, je m'en souviens encore ! J'étais encore petite fille, puisque... Oh ! Je devais avoir 8 ans, quoi ! Puisqu'on avait 8 ans de différence avec ma nièce ! Oui, ça doit être à peu près ça ! Même pas ! Un peu moins. Enfin, ma sœur, à un coin de rue, où on habitait, là, dans les usines Renault. Elle s'est occupée d'un jeune qui était tombé de bicyclette et qui s'était pété l'artère !

— Ah ! Oui, l'artère fémorale...

Monique — Et je me souviens, elle a... C'était le début des bas, elle l'a retirée, puis elle m'a dit : « Vite, Vite ! » « Va à l'atelier-là, qui n'est pas trop loin ! ». Heureusement qu'il en avait quelques-uns qui n'était pas trop loin et « dis-leur d'appeler les secours, tout de suite, tout de suite ! »

— *Elle a fait un Garrot ?*

Monique — Enfin, elle a mis carrément le poing dans la blessure. À la fin, elle n'en pouvait plus, d'ailleurs (rire). Elle lui a sauvé la vie ! Et vous voyez ? C'est ça qui m'a marquée !

— *Donc, après, quand vous arrivez à l'adolescence.*

Monique — Alors moi, tout de suite, adolescente, à 14 ans, je faisais déjà du secourisme ! Moi aussi ! Vous voyez ? J'ai été élevé dans cette ambiance, en plus dans les usines Renault. Alors en plus, j'avais un père qui était un amour. Il était agent de maîtrise. Parce que vous savez, il n'a pas fait des études très loin. Parce qu'à l'époque...

— *Oui, c'était très compliqué...*

Monique — Ils étaient nés en 1903 et 1904, hein ? Vous voyez ?

— *Oui c'était la période...*

Monique — Mais comme il était plutôt brillant élève. Puis, il a été élevé, je vous dis, sa maman, elle l'a mis en nourrice et puis le père est mort à la guerre de 14, quoi ! Hein ? Donc, bon, elle avait un

compagnon, pour un moment, dans sa vie qui lui dit : « Il est adorable ce gamin, tu ne vas pas le reprendre pour travailler ! », « Moi je lui paye une année d'études supplémentaires ! Si bien qu'il est allé ... quand même, ... Vous voyez ? Ça lui a permis de redémarrer après...

— *Oui.*

Monique — Mais là, on était logé chez Renault. Parce que c'était un poste pour la sécurité, vous voyez ?

— *D'accord.*

Monique — J'ai bien connu les téléphones sous le palier, on était quatre familles. Papa, il était responsable, lui, des circuits d'hydrogène, d'oxygène, l'azote, l'acétylène, tout ça ! Il y avait tout ça, dans la partie des .... Je ne sais pas, vous ne connaissez peut-être pas Boulogne. Parce que de toute façon, maintenant, c'est complètement démoli tout ça !

— *Oui, mais c'était la zone industrielle de... rattaché à...*

Monique — En fait, c'était Billancourt, et c'était vraiment l'industrie locale, là ! Énormément de gens qui travaillaient là ! Hein ?

— *Et tout était lié ?*

Monique — Et nous, on habitait là, on était quand même isolé de tout, hein ? Alors moi, justement, mon enfance... Par contre, les petites copines, elles ne venaient pas à la maison, hein ? Parce que les parents ne voulaient pas le laisser, il fallait faire le trajet... et surtout le dimanche, c'était désert ! Il y avait des foyers ! Je peux vous dire, j'ai failli être violée, et tout et tout ! Et, je ne sais pas pourquoi, je ne savais pas crier, mais j'avais du sang froid ! Et à chaque coup je m'en suis sorti comme ça ! Ce qui me sauvait, c'est qu'il y avait des gens qui promenaient leur animal dans le parc... vous voyez ? Donc, c'était une vie un peu difficile, hein ? On était derrière des volets de fer Mais quand il y avait du soleil, c'étaient les murs de l'usine, les murs de l'usine. La Seine de l'autre côté ! De l'autre côté, c'étaient les chaînes, qui étaient dans le sega .les chaînes !

— *Les chaînes de montage qui fonctionnaient tout le temps...*

Monique — Mais, j'ai été très heureuse !

— *Et après, vous avez commencé à exercer en tant qu'infirmière ? Vous avez fait votre formation ?*

Monique — J'ai été, alors il n'y avait plus de lycée à Boulogne (il a été démoli aussi) Donc, je suis allée au lycée de Sèvres ! Ça fait partie de mes excellents souvenirs (rire).

— *Et après ?*

Monique — C'était un lycée pédagogue international ! Et après, bah « mais tu ne vas pas faire infirmière ? « À ce moment-là, il fallait qu'on aille toutes, faire la comptabilité et commerciale, vous voyez ? Quelle idée ! Et moi j'avais déjà cette idée-là !

— *Donc, vous avez fait votre formation d'infirmière, vers quel âge ?*

Monique — Bah, on y rentrait vers 18 ans à l'époque !

— *18 ans donc c'était une formation de trois ans, c'est ça ?*

Monique — Oh ! Cela fait à peine trois ans.

— *À peine trois ans et après, jetée dans le bain ?*

Monique — Après, bah, on a fait la formation continue sur place (rire).

— *Et c'était dans le milieu hospitalier ? C'était le premier hôpital, où vous étiez déjà à la salpêtrière, où ?*

Monique — Ah ! Non, j'ai été un peu partout, j'ai même été au quinze-vingt là. Alors, attendez, je dis des bêtises. Le 15-20 je ne suis pas allée (c'est pour l'Ophtalmo) « Je suis allée, mais depuis, quoi ! Mais comment, Ah ! Comment ça s'appelait, chez les militaires ?

— D'accord.

Monique — Là, dans la rue Saint-Jacques, la commencer

— C'est quoi, c'est Begin ?

Monique — Non, Begin c'est déjà, c'est à Vincennes. C'est connu… Ho flûte ! (oublie le nom) C'est connu aussi. Parce que maintenant, ils sont sur le boulevard de port royal (Val De Grâce) c'est un hôpital moderne, donc moderne, relativement moderne. On travaillait beaucoup avec eux d'ailleurs ! Il y avait beaucoup de relations de travail ! Parce que dans mon cas, mon service était la chirurgie cardiaque, les gens y venaient d'un peu de partout, hein ? Chez moi, j'avais des malades qui venaient d'Algérie, de Tunisie, du Maroc, de l'Est, même de Suisse (rire) Je m'en souviens toujours de la CTA, ce jour-là c'était un directeur de banque.

— Parce que la spécialisation n'avait que..

Monique — Eh bien, en suisse ils ne voulaient pas opérer !

— D'accord ...

Monique — Trop de risques !

— Mais c'était déjà avec le docteur Cabrol ?

Monique — Oui !

— D'accord.

Monique — Bah, lui, à l'époque, quand j'ai débuté, il n'était pas chef de service !

— Il était déjà chirurgien dans l'établissement ? En réalité, vous l'avez accompagné pendant combien d'années ?

Monique — Bah, j'ai travaillé quarante ans et demi !

— Avec lui ?

Monique — Non, Bah, à chaque formation, vous savez, on était obligés de partir un petit peu… J'ai aussi travaillé en neurologie.

— D'accord

Monique — Et en neurologie, je l'ai beaucoup aidé, parce que…

Hélas, moi je leur ai installé le chariot d'urgence et tout ce qu'il fallait, avec les moyens du bord. J'ai embauché mes collègues du département à l'anesthésie, parce que je ne voulais pas que ce soit moi que... Hein ? Et on a sauvé la vie comme ça, un dimanche, à une dame qui était la maman d'une aide-soignante de l'hôpital, qui avait fait, ça s'appelle une rhabdomyolyse. C'est une décharge d'enzymes anormaux, quoi ! Et sa fille l'avait trouvée par terre et derrière la porte, paraplégique.

— *Oui, complètement...*

Monique — Hein ? Et les neurologues sont des intellectuels, hein ?

— *Après vous avez trouvé la solution, et finalement vous avez réussi à la sauver ?*

Monique — Oui, parce que je travaillais ce dimanche-là. J'avais le chariot d'urgence dans un coin et puis quand je suis allée dans cette unité. La chir 15. Ils n'aimaient pas cette infirmière-là ! En plus, parce qu'ils avaient leur tête, hein ? Alors forcément moi, je les défendais (rire). Alors, elle a dit « ah, je suis embêtée, je me suis autorisée, hein ? » « J'ai fait une prise de sang parce que je ne la trouvais pas bien ! » Je ai dit

« ne t'inquiète pas t'as raison ! » Alors, je dis, « bon, bah, écoute, ce n'est pas difficile ! » « J'appelle tout de suite le labo pour avoir les résultats ! » Et puis, elle l'avait levé quand même ! Parce qu'il y avait des aides-soignants. Une infirmière et deux aides-soignantes pour 40 malades opérés, vous voyez, hein ? Et alors, potassium au plafond ! 7,5 ! Je ne sais pas si vous avez appris tout ça !

— *Disons que moi, j'étais plutôt dans le concret. C'était tant qu'il bouge, tout va bien ! Quand il ne bouge plus, là...*

Monique — Alors, moi, j'avais mon expérience de chirurgie cardiaque. Je connaissais très bien ça ! Parce que les premières circulations extracorporelles, ...! Ça eu des conséquences et il fallait complètement les neutraliser, au point de vue coagulation, pour pouvoir opérer, hein ? Et puis, après il fallait refaire de la protamine pour corriger, hein ? Ce n'était pas toujours au point ! On n'avait pas la banque du sang, quand j'ai débuté. C'était un petit don local, hein ? Qu'est qu'on faisait ?

— *Dans lequel on faisait la transfusion presque en direct !*

Monique — Oui ! (rire)

— Oui, je comprends !

Monique — On savait « Toi tu es O (groupe sanguin)», «toi tu est A», «Toi tu es B» et puis viendra, après bien longtemps, quand on avait un vrai centre de transfusion dans l'hôpital. Je me souviens, le directeur du centre, un jour, il m'a pris et dit « Vous n'allez pas encore continuer ça ? Oui ?» (surpris) Et j'ai dit :» écoutez ! Là, on en a un qui vient d'être greffé ! Il saigne à blanc, Hein ! Alors voilà son groupe ! Vous avez sûrement sur son dossier ! De toute façon, je faisais les sous-groupes aussi ! Parce que c'est important les sous-groupes, hein ? Et j'ai dit : « Là vous m'envoyez ce qu'il faut et je me pique évidemment ! Il dit : « Non, non, vous n'allez pas faire » « Cette fois, ce sera moi ! » Mais je sais que c'est vrai, parce qu'en faisant comme ça, on leur redonnait tous les composants de la coagulation normale, vous voyez ?

— oui parce que justement le problème, c'est que quand on traite le sang, après il y a toujours le facteur coagulation...

Monique — C'est pour ça, vous voyez ! Que j'ai eu la passion tout le temps, tout le temps !

— C'est vrai que... c'est un métier, dans lequel on finit par...

Monique — Puis nous, lorsqu'on avait un coup dur, Mr CABROL, quand il est arrivé. Je me souviens, il faisait de la discipline ! Il avait de grands pieds, puis il y était connu pour être coléreux ! C'est comme ça que ça marchait ! Ses colères ! (rire) Oui, mais c'étaient les colères, mais bienveillantes !

Monique — C'étaient des ..., bah, d'ailleurs mes collègues, m'ont... ! J'ai réussi à en réunir 35, au début de ma retraite ! Qui avait envie de se voir, puis je coordonnait tout cela, comme j'avais l'habitude de tout coordonner. C'est vrai quand on devient cadre, on passe son temps à coordonner !

— Tout à fait.

Monique — Et puis, bah, je vous dis, on faisait ça du tout naturellement ! Parce que ! Déjà on n'avait pas le temps de se disputer, vous comprenez ? Et, puis on n'avait pas le confort, alors on allait au BHV acheter des petites boîtes. Maintenant, ils ne vont pas faire la pharmacie, bah, des tas de trucs ! Maintenant, ils ont tout quoi !

—Disons qu'aujourd'hui c'est différent, même pour les produits !

Monique — Tout, vous voyez ? J'ai vu là, quand j'ai été

hospitalisée ! J'étais en rééducation à Choisy-le-Roi. J'ai vu comment ils fonctionnaient ! Ils ont leurs chariots, ils ont tout ! Ils ne préparent rien à l'avance !

— *C'est quelqu'un d'autre qui prépare ?*

Monique — Ah ! Euh, là, il y avait une pharmacie effectivement, mais ça, c'est à double tranchant ! Parce que, alors si on manque d'un médicament. Ils ne se cassent pas la tête, ils n'ont pas le temps ! Et va ! Tant pis !

— *Ils ne savent pas... Comme ce n'est pas eux qui l'ont préparé, ils ne savent pas où aller chercher, oui !*

Monique — Vous voyez ?

— *Et même maintenant, pour la prise de sang !*

Monique — Et, puis, surtout s'ils font une erreur, il n'y a rien pour la rattraper !

— *Ils ne le savent pas ! Ils ne se rendront même pas compte !*

Monique — Alors que nous, on était tellement habitué à ce que, s'il y a un coup dur, bah

— *C'est vous qui l'aviez préparé.*

Monique — Alors on l'avait préparé ! Puis, on lui disait : Tiens, voilà ma liste ! On avait inventé notre cahier de transmission en conséquence ! Vous voyez ? Ce n'était pas du tout la même ambiance que maintenant et je pense que c'est ça qui est en train de ruiner ! Parce que c'est dans toutes les professions qu'on le trouve !

— *Il y a une autre chose aussi, je me souviens en 1992, pour les prises de sang, on était encore avec les aiguilles, qu'on faisait stériliser, les seringues en verre !*

Monique — Voilà, Voilà !

— *Bah, Oui ! On préparait tout !*

Monique — En plus, plus on avait de travail, ...après qu'est-ce qu'on faisait ? On restait !

— *Bah, Oui ! On préparait tout !*

Monique — Nous on était trois équipes ! On avait des gros clous, qu'on avait mis en haut des portes, et on faisait passer les câbles dans les câbles et dans les tables et j'en avais eu plusieurs malades sous respirateur. C'était une société qui venait nous le livrer, les respirateurs ! C'était des grosses machines jour-nuit, peut-être qu'on a la même chose maintenant. C'était énorme et nous

livrait ça, les bouteilles d'oxygène. On s'est baladé comme ça, hein ?
Je me souviens il y en avait dans ma salle, il y avait 35 lits de salles communes, une chambre à deux lits, là on mettait les pulmonaires qui étaient à l'autre bout du….. et puis dans les champs, autrement, il y en avait un lit, une aile, il en avait deux un lit, une à quatre lits et une à trois lits et après, c'était une salle de soin là.
Bon et bien, une autre surveillante pour nous aider, Hein ?
Bon, on avait les câbles dans les câbles et de temps en temps, on ne pouvait même plus se servir du Poupinel (appareil de stérilisation), parce qu'il était encore vraiment chaud, vous voyez ? (rire)

— Oui mais, mais le fait de participer, d'organiser les choses, vous saviez où est ce que tout se trouvait

Monique — Vous avez peut-être connu ça, grâce à votre fonctionnement ! Parce que pour vous, vous saviez, qu'il fallait toujours improviser ?

— Oui, il fallait toujours improviser !

Monique — Voilà ! dans

— Même dans la formation, c'était de la traumatologie de guerre.

Monique — Et c'est stimulant !

— Bien sûr !

Monique — C'est bien d'accord ?

— C'est ça qui donne, je dirai, qui donne parfois une certaine légitimité dans le sens du travail ! Pourquoi ? Parce que le fait de connaître l'intégralité du processus, vous permet de dire, de réfléchir, à trouver des solutions !

Monique — N'empêche qu'en Neuro ce jour-là, donc je me suis précipitée en lui disant : « Ne bouge pas ! Ne la bouge pas ! Elle va faire un arrêt cardiaque ! Et allez ! Hop ! Sonde gastrique avec Kaliu salat pour lui faire baisser son potassium, hein ? Et puis Bah, on a appelé les secours quand même, hein ? On l'a quand même remis dans son lit ! Elle a fait l'arrêt cardiaque, mais on l'a récupérée ! Hein ?

— Et voilà, parce que … parce que vous le saviez…

Monique — Parce qu'on savait faire tout ça !

— Sinon, si vous l'aviez soulevé, sans avoir fait la prise de sang,

sans rien, la personne. Alors, elle serait décédée !

Monique — Ouais, Ouais, tout ça, c'était du bon sens et de l'expérience, quand même !

— Tout à fait !

Monique — Car en Neuro, ça, ils n'avaient pas beaucoup de ces expériences-là !

— Mais, ils étaient dans une autre démarche

Monique — C'est une autre démarche ! Oh ! là là ! Moi j'ai lutté dans ce services-là ! Ça a été très dur, hein ? Je le vois encore, si vous avisiez, dire au patron ! «Mais Mlle Monique, vous ne nous regardez pas ? «
Je dis : «Non ! Moi je tiens compagnie à ce monsieur ! Que vous allez peut-être enfin aborder ! Parce que vous discutez, vous discutez de tout !
C'était un ingénieur qui venait d'Afrique qui avait une tumeur au cerveau et qui commençait à se réaliser aussi hein ?
Eh ben, ils n'étaient pas humains ! ils n'étaient pas du tout humains !

— Ils n'avaient pas la même approche !

Monique — Alors si bien, comme monsieur Cabrol m'a dit : « Tu reviens avec nous, hein ?
Tu ne restes pas là-dedans ! « Bah, monsieur Cassaigne à l'époque disait : « oh bah, vous d'accord, vous êtes jeune ! Parce que j'avais 34 ans, quand je suis devenue surveillante !
Quelle bêtise j'ai fait ! Enfin !
C'est pour ça que j'ai beaucoup travaillé, parce que je faisais les deux quoi ! (rire) J'aimais trop !

Monique — Le docteur Cabrol me demande : Si ça ne vous ennuie pas, allez-y, parce que ça me permettrait peut-être, pas de créer un stage supplémentaire ! Parce que je n'étais pas fait mes études à la paix. Alors bah, j'ai dit oui ! Et alors là ! Oh miracle ! Parce que Mr Cabrol voulait opérer des enfants et il n'avait pas assez de personnel et c'était lui, qui avait été taper à toutes les portes.

— Pour avoir...

Monique — Alors et bah, après, vous restez, vous restez et moi je voulais être assistante sociale, mais mon concours était valable deux ans. Bon j'ai dit je vais faire ça pendant deux ans et puis ... bah ouais, mais une fois qu'on est dans le feu de l'action avec des gens comme ça, qui donnent, qui donnent, qui donnent, qui se dévouent, bah. Ou on s'en va ou on suit le mouvement, quoi !

— *Et vous avez suivi le mouvement...*

Monique — Voilà

— *Non mais c'est...*

Monique — Ce qui est agréable, c'est parce qu'on était pionniers, voyez ? On était toujours dans la création, c'est ça qui fait tenir.

— *Mais aujourd'hui, je pense qu'aujourd'hui, c'est parfois, c'est parfois une question d'occasion, une question de chance, d'arriver dans ce type de situation.*

Monique — Oui

— *Qui est...*

Monique — Bah oui, parce que si vous voulez comme il m'avait choisie ! Ç'a commencé et j'arrive à la direction, ils disent Non ! Non ! Pourquoi iriez- vous dans ce service ? Bah, j'ai dit : C'est là ou nulle part ailleurs ! Il avait besoin des personnes, puis il a dit là-dessus (Dr CABROL), Non mais ça ne va pas ? Je l'attends ! (elle rire)

— *Et après, c'est comme ça que vous avez réussi !*

Monique — En plus, j'ai été accueilli, pour un gamin adorable. C'était un petit tunisien, parce qu'à l'époque d'époque, il (Dr. Cabrol) faisait aussi de la chirurgie pulmonaire. Monsieur Cabrol il faisait vraiment thoracique, quoi ! puis, après si vous voulez chirurgie pulmonaire, moi j'ai été opéré des poumons aussi, mais j'ai été dans de très bonnes conditions (rire) pareilles. Donc tout ça, vous voyez, je m'en remets hein ?

— *Hé oui !*

Monique — Ah ! Elle ne veut pas, faire la prise de sang ! Bon, je vais faire la prise de sang ! Ah ! Elle ne veut pas m'obéir ! Hé bon, je faisais remonter ! Ah ! Il y avait aussi des services inter-migrants aussi !

— *Oui ?*

Monique — On appelait service inter-migrants aussi, quand on avait des malades qui ne parlaient pas bien le français !

— *D'accord.*

Monique — Il y avait aussi l'aspect religieux !

— *Oui ?*

Monique — Alors à l'hôpital il y avait une aumônerie, il y avait des protestants et catholiques et on appelait aussi l'imam, voire tout ce que vous voudrez ! Surtout que ce n'était pas loin, (rire) c'était dans le quartier de la mosquée de Paris ! Alors, on retrouvait toujours quelqu'un vous voyez ?

— Bien sûr !

Monique — C'était génial !

— Oui, de pouvoir prodiguer le soin et d'aider la personne quelles que soient les circonstances !

Monique — Vous comprenez ?

— Oui, je comprends, je comprends ! C'est justement pour ça, c'est ce qui me motive aujourd'hui à faire ce métier ! Maintenant, c'est justement ça ! C'est le fait de, à la fois d'être, dans l'humain, mais de découvrir, de faire des rencontres, de rencontrer les personnes !

Monique — Alors là, je vais vous dire, moi, l'astuce ! Parce que, alors quand je suis devenue surveillante, ça me manquait le soin, hein ?
Et par le soin, on peut parler ! Donc, je faisais la visite le matin et le soir ! (rire)
Je faisais la visite pendant qu'elles se faisaient les transmissions, vous voyez ?

Comme ça, je surveillais les malades en même temps, hein ? On n'attendait pas les résultats de gaz du sang pour l'extuber les malades, hein ? Mme KEROE nous faisait confiance !
Après tout on était jugées et puis si... Parce qu'il fallait se dépêcher parce qu'il fallait libérer la place pour le suivant (rire) Vous voyez ? Ce n'est pas du tout la même chose, là !

— Oui, c'est vrai !

Monique — Parce que rc-intuber quelqu'un qui ne respire pas assez bien, ce n'est pas très drôle pour lui, mais ce n'est pas dramatique Et puis garder ce tube comme ça pour rien !
Parce que c'est comme ça maintenant ! Ils n'extubent pas les gens, ils attendent qu'ils soient bien réveillés, avec tous les tubes, ce sont des moments très difficiles !

— Parce que la personne prend conscience, elle prend conscience et mécaniquement le corps veut. Certes, au début, avant la phase de réveil, le corps est encore endormi, mais une fois que le corps est réveillé, il y a même parfois une forme de rejet.

Monique — Oui.

— Si on ne l'extube pas tout de suite, parce que ça peut même provoquer des infections, voire des chocs anaphylactiques.

Monique — Oui.

— Parce que la personne, ...

Monique — On va encore perdre trop de temps si on se lance là, alors on peut...

— Alors, donc ?

Monique — Arriver à ça, c'est ... Voilà !

— Donc ?

Monique — Je voulais vous faire une synthèse qui résumait tout et qui vous permettait de passer à votre sujet.

— Oui.

Monique — Les personnes âgées ! Moi j'ai un médecin Kiné qui dit : « il ne faut pas dire aux personnes qui sont malades, vous vous rendez compte ?

— Ah ! bon ?

Monique — Elle dit : « Ils vont se faire du souci, ça va les empêcher de vivre ! » Faire de la prévention, elle ne sait pas !

Je la garde parce que je suis dans cette filière de soin, autrement, alors ! En fait, elle a les mains boîte à lettre, et encore je suis obligée de lui dire de lire son courrier parce qu'elle ne le lit pas ! Hein ?

Mais, je lui ai dit : « Mais enfin, madame ! vous croyez que les gens semblent suffisamment idiots, pour ne pas se rendre compte qu'ils ont quelque chose qui ne va pas ? »
« À vous justement de les aider. De savoir faire la part du psychologique et du physique ! Hein ? » « Et puis de toute façon on va voire ensemble ! Hein ? » « Mais ne me tenez pas ce langage ! »

— Et ça, c'est dans quelle année, ça ?

Monique — C'est à ce moment-là ! (elle tape du poing sur la table)

— Les médecins qui ne disent pas à la personne qu'elle est malade ?

Monique — Ils ne le disent pas, et surtout, les soupçons graves qu'ils peuvent avoir, etc... Alors forcément, avec quelqu'un comme moi, ils tombent sur un os ! Hein ?

— C'est bizarre, parce que le

principe de précaution, concerne la personne, si on ne le dit pas...

Monique — Et cela a beaucoup évolué pendant la COVID

— Ah bon ?

Monique — Parce que je pense qu'il y a des problèmes financiers derrière ça !

— D'accord

Monique — Alors et travaille avec des protocoles, Hein ? On a le droit de faire un tel examen, mais pas trop souvent, vous voyez ?

— Le protocole, c'est justement...

Monique — Parce que ça coûte trop cher tout ça, les examens de labo !

— Ok !

Monique — Vous comprenez par exemple, ça ! (elle montre...)

— D'accord !

Monique — Moi qui étais habituée, justement... Moi j'ai fait même mieux, il y a eu une époque heureuse où les pharmaciens qui s'occupaient aussi des examens avec service de biologie. Ça marchait ensemble ça, hein ?

Et bien ils venaient chercher leur blouse, on leur payait un café et on leur disait : « aujourd'hui, il y a untel, untel et untel qui est opéré ».

Monique — Comme ça ils savaient déjà, avec les examens, ils savaient tout ça, vous voyez ? C'était pareil, c'était nettement mieux !

— Oui, c'était l'échange !

Monique — Et maintenant, il n'y a plus de tout ça !

— D'accord ! Écoutez, d'après, je sais que le monde hospitalier est un peu pris par les réductions.

Monique — Oui, mais en même temps, il y a une telle technologie qui existe ! Voilà ! Moi, là je viens d'avoir une bille IRM, je ne connaissais même pas, vous voyez ? Ça n'existait pas quand j'y étais moi, et je suis à la retraite depuis 2003, quand même !

— Ah ! oui, effectivement !

Monique — Mais je continue à avoir ma « Revue des Soins » et...

— On revient maintenant à un autre accompagnement, alors c'est juste une question : Si je vous dis accompagnement ! Pour vous, qu'est-ce que ça signifie ?

Quel est, selon-vous, le sens que vous donnez au mot accompagnement ?

Monique — Bah, déjà je vais vous parler de quelque chose qui va peut-être vous paraître, je pense que vous avez surement constaté ça aussi ! Pour certains l'accompagnement, c'est l'éducation thérapeutique !

— D'accord !

Monique — Bon, jusqu'à un certain âge ! Hein ? Puis après on tombe dans l'excès inverse, c'est-à-dire : Ah ! bah, il a dépassé 75 ans, ça va bien ! Hein ?

Alors au lieu de soigner, soigner Hein ? pas trop ! Hein ? Euh, Enfin (silence),
Mais l'accompagnement, c'est souvent, chez les personnes âgées ! C'est très négligé !

— Très négligé ? Dans quel sens ?

Monique — Dans le maintien d'une certaine capacité physique et mentale !

— D'accord ! C'est votre ressenti que...

Monique — Oui ! Dans les maisons de retraite, vraiment ! Il y a parfois un médecin coordonnateur, dans les bonnes maisons de retraite ! Souvent, c'est même le médecin de ville qui vient quand même ! Hein ?
Ce qui n'est pas si mal d'ailleurs ! Si c'est possible. Mais c'est pareil quand on connaît quelqu'un depuis longtemps ! Eh ben, on bavarde avec lui, mais on ne l'accompagne pas !

— D'accord, on considère que la personne n'a plus de besoins, c'est ça ? C'est dans ce sens-là que vous ?

Monique — Oui ! Elle a bien besoin, bien plus qu'avant !

— Oui, je suis d'accord avec vous, mais c'est le ressenti que vous avez ?

Monique — Ça dépends, et encore une fois je vous dis : « Moi je suis pour le maintien à domicile ! » Je reconnais hein ?
Mais le maintien à domicile, si je prends mon cas particulier, que je n'ai plus de proches ! Vraiment !

J'ai quelques relations comme ça, puis une grande amie à l'autre bout de Paris. Elle a quatre-vingt-dix ans et c'est sa famille qui la prend en charge et j'aimerais vous dire, elle supporte à peine la famille ! Son dicton est : « Ne te mêle pas de ce qui ne te regarde pas ! »

— *D'accord, je comprends.*

Monique — Hein ? on s'appelle tous les jours quand même, hein ?

— *Oui, mais vous préconisez le maintien à domicile parce que vous avez vos repères, c'est ça ?*

Monique — Au moment où moi, je voulais, là, justement, c'est pour ça, que j'avais fait, j'avais été voir à la mairie (..). Parce que je savais que dans les projets du grand Paris, ici, comme on est limitrophe de Paris, là vraiment, c'est porte d'Italie, c'est à côté. Eh bien, il y a prévu quatre mille cinq cents logements de plus et une partie en copropriété et une partie en location, Quoi ! Il y a déjà pas mal de commerces, c'est une ville (Villejuif) assez orientée sur le social ici.

— *D'accord.*

Monique — Et de plus en plus, on a des structures, on a un institut pour malvoyants et aveugles, on a deux instituts gens handicapés mentaux ! Vous voyez ? On a des trucs comme ça dans la ville, hein ? Et puis, on a un centre social qui ne fonctionne pas, mais qui va redresser bientôt ! Ça aussi, c'est un peu…

— *Oui, c'est…*

Monique — La personne qui l'avait créée, c'est quand je suis arrivé ici. Moi, je suis arrivée fin des derniers jours de 1996 et je les ai connus dans l'année qui a suivi. Au début, je me suis dit, pour moi ce n'était pas un centre social, c'était un centre culturel.

— *D'accord.*

Monique — Hein ? En fait, un des bons moyens pour qu'un centre social fonctionnc, c'cst de faire du culturel.

— *Oui, mais il n'y a pas que ça malheureusement.*

Monique — Il n'y a pas que ça, mais c'est par ce biais-là qu'ils arrivent.

— *D'accord.*

Monique — Qu'on soit plein de diplômes ou pas de diplômes et… Mais si on a quelque chose à partager, comme moi je vais faire du dessin par exemple et l'aide aux devoirs. Et bah, c'est ... C'est aussi ce qu'on apporte aux autres…

— *Oui, c'est un moyen.*

Monique — C'est un moyen d'échange !

— Un moyen de faciliter la parole, de casser les barrières, puisque...

Monique — Je veux dire, on est dans ce qu'on fait, on ne s'entend pas tellement, mais on se ressent, vous voyez ?

— D'accord.

Monique — Après, ils affichent tout ce qu'on a fait, on en parle et il n'y a pas de jugement, vous voyez ?

— Oui, ce sont donc vos ateliers de mémoire que vous m'aviez dit la dernière fois au téléphone ! Vous faites quoi à la fois quoi ? Du dessin, de la sculpture...

Monique — Ah ! Non, de pas du tout, je ne sais pas comment ça va se passer, parce qu'on a eu deux fois, puis c'est tombé à l'eau ! Là ! Parce que c'est une association, hein ? Le centre des retraités, il y fait des contrats avec différentes associations et c'est tombé à l'eau, vous voyez ? Parce que là, c'était Delta 7 ! Et ça n'a pas l'air d'être absolument parfait avec Delta 7, je trouve !

— Alors donc ?

Monique — Parce que, moi, j'ai déjà fait des ateliers mémoire, il y a plusieurs années !

— Oui ?

Monique — Et là ! Bon ! J'arrivais très bien ! Mais mon problème, c'est qu'avec ma narcolepsie, je m'endors !

— Oui, du coup ça devient difficile !

Monique — Là ! Je ne m'endors pas ! Parce que vous êtes face à moi ! Et qu'on est en train de discuter ! Et on a bu un café, il y a quelques instants, sinon, et ça ne se voit pas forcément. Janine est celle qui me connaît le mieux, parce que je ne le cache pas, Hein ?
Si vous voyez que j'ai les yeux qui s'en font comme ça, vous vous méfiez, parce que (rire) je suis bien avec vous, mais...

— Je vous comprends, toujours dans la partie accompagnement, j'ai une question : Qu'est-ce qui vous a motivée ?...

Monique — Enfin, c'est pour vous dire, qu'il faut tenir compte des pathologies !

— Bien sûr, ça, c'est très important ! Qu'est-ce qui vous a motivée à faire appel à des professionnels du service à la personne ?

Monique — Bah ! Parce que j'étais là, pour le coup, au fond de mon lit, handicapée et que je n'ai pas de famille !

— D'accord.

Monique — Parce que la seule famille de ma génération qui restait, elle est décédée là !
Ce qui, d'ailleurs, a certainement empêché que je me rétablisse bien ! Parce que je me suis quand même traînée, pour aller la voir à la salpêtrière ! Puis à Jeanne Garnier (soins palliatifs) où elle est décédée (sa mère), Hein ?
Hier, j'ai eu une journée très fatigante, parce que, cette amie de Montmartre, elle est venue me chercher et j'ai pris le métro toute seule !
Avec ma petite canne, j'ai une canne anglaise, c'est mieux ! C'est bien, c'est plus discret parce qu'il n'y a pas d'âge pour en avoir une canne anglaise (rire). J'en ai une autre (rire).

— Bien sûr, c'est normal, c'est la moindre des choses pour se déplacer.

Monique — Et maintenant avec mon déambulateur, c'est très marrant parce que les gens sont d'une gentillesse avec moi !

— Oui ! parce qu'en plus, j'ai vu que votre déambulateur, il a une

petite poche pour pouvoir mettre les documents,

Monique — Oui, c'est ça !

— Les sacs et tout, ça, c'est très bien !

Monique — C'est pour mes courses !

— C'est plus facile !

Monique — Oui !

— Et en même temps, cela vous permet de...

Monique — Remarquez, il y en a un (modèle de déambulateur) qui n'est pas trop cher et qui est remboursé par la sécu, mais ils s'abiment un peu vite ! Là, c'est mon cadeau de noël

— Ah ! Oui, il est très beau !

Monique — Parce que celui-là, n'est pas le même prix ! Hein ? (montre son déambulateur)

— Ah ! Non ! Je pense que là, il est plus cher ! Mais il est bien, il a des freins aussi, non ?

Monique — Ah ! Oui, mais les autres aussi ! Mais l'avantage, c'est qu'il une..., je ne me suis pas aperçu au départ d'ailleurs ! Il a quelque chose à l'arrière là, on met les pieds dessus et ça soulève le devant, si on l'accompagne !

— *D'accord.*

Monique — Pour monter sur les trottoirs ! Parce que là, c'est là qu'on s'aperçoit que la voirie, c'est une catastrophe !

— *Ah ! Oui, la Voirie ! Malheureusement, elle n'est pas faite pour les personnes à mobilité réduite et on le constate et tous les jours ! Même pour les valides, ...*

Monique — Puis et alors là, il y a un conflit financier, encore une fois ! Ah ! Non, cette avenue, c'est le département. Alors dans une rue voisine, là où j'ai le Kiné d'ailleurs ! Ils ont bien laissé un petit peu, les trottoirs là, aux angles ! Mais là, il y en a, un trou ! Alors, il a fallu six mois, pour qu'ils…

— *Pour qu'on puisse le réparer ?*

Monique — Alors, il se trouve que je viens souvent faire un tour au marché ! Moi, je vais au marché parce que là aussi, c'est assez social hein ? (rire)

— *Oui, c'est qui…*

Monique — Ça n'empêche pas, puis vous achetez vos deux oranges et en même temps ils sont

trois fois plus cher. Enfin, avant, c'était le contraire, maintenant les marchés ce n'est pas l'économie, mais on en achète moins et c'est meilleur et ça se conserve !

— *Tout à fait ! Ce n'est pas le premier prix qui au bout des trois jours...*

Monique — Moi, une salade, j'arrive à la tenir la semaine !

— *Alors ce que si vous achetez surgelés, elle va durer trois jours !*

Monique — Ouais et puis même là, chez Leclerc, il y en a les produits frais aussi ! Mais, ils ne sont pas toujours frais, quoi !

— *Ils ont l'air frais !*

Monique — Bah, il y a un problème de livraison, tout bêtement !

— *Oui.*

Monique — Ils sont livrés, on y va le matin et il y a des palettes partout ! Il faut slalomer entre les rayons ! Parce qu'ils ne peuvent pas le faire trop tôt, à cause des gens qui sont dans l'immeuble au-dessus, parce que ça fait du bruit !

— *Oui, vous êtes livrée à vous-même ! Alors le type*

d'accompagnement à la personne, vous avez aujourd'hui ? Comment s'appelait l'intervenante qui vient chez vous ? Elle vient chez vous toutes les semaines, combien de fois par semaine.

Monique — Bah, elle vient deux heures par semaine ! Parce que moi, je ne suis pas prise en charge totalement par le conseil général. On me prend à charge 33 % !

— A 33 % ? D'accord

Monique — Alors, je peux vous dire qu'en faisant comme ça ! Alors, on a fait un compromis, je me prive encore un petit peu plus ! De toute façon, là hier je suis allée acheter quand même une tenue propre ! Parce que je ne pouvais plus y aller, et en plus je n'ai pas une taille classique ! Moi ! Alors j'ai une grande taille et en plus je n'ai pas la même grande taille au milieu et en haut du corps ! (rire) Alors, je m'achète des vêtements qui durent longtemps !

— Mais concernant l'APA, vous me dites que le conseil départemental ne prend en charge que 33 %. Avez-vous demandé une réévaluation de l'APA ?

Monique — Non, pour l'instant, je n'ai pas demandé !

— Vous pouvez demander ! Vous savez, ce n'est pas définitive ?

Monique — Non, parce qu'ils m'accordent plus d'heures que ça ! Ils m'accordent 18 heures par mois !

— D'accord.

Monique — Mais moi, ça me fait 8 à 10 heures, Quoi !

— D'accord ! Mais pour vous, est-ce que c'est suffisant ? Ou est-ce qu'il faut plus ?

Monique — Je veux dire, c'est à côté de la plaque ! Parce que mon grand besoin, c'est de vider mon appartement !

— D'accord !

Monique — Alors, il y a des choses, comme mon neveu qui dit : « Oh, non mais tu ne vas pas donner tes livres ? Non, tu ne vas pas tout donner ? » Surtout, que c'était la mode dans ma jeunesse ça ! On faisait des économies et on s'achetait des livres !

— Oui.

Monique — Vous allez me dire, qu'ils ne sont pas tous si beaux que ça ! Mais il y en a ce sont « mes petits voyages » aussi ! Là, hein ? (rire)

— Oui, mais c'est aussi de la littérature ! Les livres ! Je vous suis totalement ! Puisque chez moi, c'est pareil ! Je suis dans la même situation. J'en ai plein de livres !

Monique — Mais maintenant, on fonctionne autrement ! Entre nous, on se les prête. On s'en offre pour l'anniversaire ou pour noël et on les fait circuler, c'est aussi bien !

— Bien sûr.

Monique — Puis, il y a une médiathèque.

— Oui, c'est vrai qu'avec les nouvelles technologies.

Monique — Il y a un confort de vie qu'on n'avait pas avant !

— Ça, c'est vrai.

Monique — Mais je trouve que, ceci-dit ! Bah, les petits jeunes, ils ne sont pas bien ! Ils ne sont pas bien, ils ont peur de l'avenir ! Je connais ça en ce moment, avec ma petite nièce, la fille d'une de mes nièces et bah, à 20 ans et complètement dans le désarroi ! Elle ne sait pas où elle va !

—Après, ça dépend ! Hein ? Je vous parle un petit peu de moi ! Moi j'ai quatre enfants ! Hein ?

J'ai trois filles et un garçon, ma plus grande, elle a 21 ans ! Moi, en tout cas, bien je dirais mon premier mariage, deuxième mariage, ... mais en tout cas, je les motive pour qu'ils se disent que « voilà, c'est compliqué, mais il faut toujours faire ce qu'on a envie de faire ! »

Monique — Bah, peux vous dire que vous et votre comportement, ça doit beaucoup les aider ! Parce que c'est ce que je dis d'ailleurs ! Voilà ! Les enfants que j'ai, c'est plus, en ce moment je m'occupe du petit Idriss. Papa « Côte d'Ivoire » Maman du « Tchad ». Ils ont quatre petits garçons (rire).

— Oui ?

Monique — Lui, c'est l'aîné ! Mais, Ah ! Il est marrant comme tout, il est intelligent ! Il vient pour faire ses devoirs, il a déjà tout fait, tout compris, alors je lui fais répéter, mais sous forme de jeu ! (sourire)

— Oui, c'est plus facile !

Monique — Parce que, la dernière fois, ce que j'ai fait, j'ai acheté des petits chocolats, pour Pâques. Alors il dit : « Oh ! bah tu sais, chez nous, ce n'est pas comme ça, on est musulmans ! ». C'est vrai que cette année, Pâques, c'était au beau milieu du Ramadan.

Bah, j'ai dit : « Le chocolat, ce n'est pas interdit aux enfants, hein ? »

Alors, on en avait mis partout dans la pièce, cachés à plusieurs endroits, on avait caché et après, ce qui me restait, il y avait des pièces dedans. Je lui ai demandé de faire des calculs. (rire) Et puis en l'apprenant à classer, etc. Vous voyez ? Là, je lui ai dit, que peut-être qu'au troisième trimestre, je n'allais pas continuer, parce que je vais être opérée ! Et bah, là, il fait la tête, hein ?

Et son frère qui est à un an et demi de moins.

C'est une autre amie à moi qui s'en occupe, il vient nous rejoindre, parce qu'il a envie d'apprendre. Alors que moi je fais ça depuis quelques semaines là ! Ça fait six mois et je le fais en toute humilité, en disant, vous me dites, parce que je ne sais pas, si je fais bien, hein ?

— Oui, mais vous y mettez la passion ! Et quand on y met de la passion dans quelque chose, surtout dans la transmission du savoir, les enfants, ils le comprennent !

Monique — Oui, mais là, c'est rigolo, parce que d'une école à l'autre en plus, les méthodes sont différentes !

— Tout à fait !

Monique — L'autre jour, il a un an, c'était en cours moyen. Oh, il faut le dire ! Hein ? Une division à faire, je m'en souviens encore ! Trois cent mille divisés par 327. Je ne savais plus ! (surprise)
Alors fait ma méthode et pendant ce temps-là il le faisait sa méthode à lui, j'ai vu qu'il passait une… Et je n'ai pas trop suivi.

Monique — Mais je l'ai dit : « Tu sais ? On est sur le mode de l'échange, parce que moi je vais oublier ! » Il me dit : « Bah et puis, nous on a des calculatrices, alors il nous fonçait ! » (rire).

— Oui.

Monique — J'ai dit : « Bon, on va trancher, on va le faire avec mon téléphone ! » Et là, on s'est aperçu qui avait effectivement une kyrielle de dix chiffres derrière la virgule ! » (rires)

— Oui.

Monique — Mais, ils sont quand même terribles là, parce que vous croyez que ça va leur servir ça ! Dans la vie, on arrondit !

— Tout à fait, l'abstraction, il faut à un moment donné l'arrêter parce que sinon pour la personne, surtout pour les enfants, c'est très compliqué de la comprendre.

Monique — Hein ? Ça j'ai trouvé que ce n'était pas bien !

— *Oui, je continue, donc on continue, puisque après je sais qu'il est déjà 11 h 30 et vous allez devoir manger.*

Monique — Hé bah, je peux manger qu'à 13 h, Hein ?

— *Alors comment vous avez vécu, l'arrivée de services à domicile chez vous, même si vous l'aviez déjà choisi ?*

Monique — Alors, je vous avoue que les circonstances ont fait que personne, n'est venu à la maison voir comment j'étais !

— *D'accord.*

Monique — Sauf après, quand j'ai choisi MYOSOTIS. Parce qu'en fait, j'avais une amie qui habite à … une dame qui était dans mon association, quand je m'occupais des dons d'organes, elle a un mari plus âgé qu'elle, etc. Elle a fait plusieurs essais, avant de trouver une qui convenait à peu près !

— *D'accord.*

Monique — Alors c'est vrai qu'ils sont sympas, on a de bons échanges quoi ! Mais c'est sûr qu'ils sont complètement à côté de la plaque. Et alors, la personne qui

m'avait accordé l'APA à partir de mon dossier, là ! Ça j'avoue, que par rapport à ce que je connaissais avant, il y a dû avoir des changements ? Avant il y avait des CLICS, hein ?

— *Oui !*

Monique — Alors, normalement ici dans le département il y en a sept ! Moi, je fais partie du CLIC 7 ! Mais la dame que j'ai eue au téléphone, elle ne s'est pas déplacée, elle m'a questionné sur dossier !

— *L'évaluatrice de l'APA, n'est pas passée ici chez vous ?*

Monique — Non !

— *Mais ça, ce n'est pas normal, elle ne peut pas faire ça !*

Monique — Oui, mais c'était pendant le COVID !

— *Ah oui ! Mais maintenant, ça veut dire que là, maintenant, ils doivent vous recontacter !*

Monique — Alors, justement, moi, je les ai rappelés depuis. J'ai dit : "écoutez-moi la société qui m'envoie quelqu'un.

Elle s'applique, elle est tout content de venir, parce qu'elle peut parler avec moi ! Ce qui la change un peu avec les gens de 80 ans ! Puis je ne veux pas mourir demain ! Ça aussi, c'est important ! " (rire)

— Bah oui !

Monique — Hein ? Et en plus je suis toute seule ! Alors moi, parler c'est un grand plaisir ! Vous voyez ?
Moi, ça ne me dérange pas de parler, mon défaut, c'est que je m'en vais dans tous les sens ! Ça veut dire, vous avez dû vous en apercevoir ! (rire)

— Mais moi, j'adore parler aussi ! Donc, vous voyez ?

Monique — Oui, mais vous voyez ? Ça aussi, c'est à cause du travail, on faisait 36 choses à la fois, ce qui se résolvait en 30 secondes et puis ce qui était pour l'avenir dans six mois. Vous voyez ?

— Oui.

Monique — Donc, pour un mot, un mot ! Puis hop ! Ça me relance sur une autre idée ! Vous avez dû vous en apercevoir ? Hein ?

— Mais moi je suis comme ça aussi !

Monique — Vous aussi vous faites ça ?

— Je suis comme ça aussi !

Monique — C'est fatigant, hein ? pour les autres !

— Euh, oui, c'est fatiguant ! Après il y a des gens qui arrivent à me suivre et il y a des gens qui n'arrivent pas à me suivre !

Monique — Oui, oui, voilà !

— Mais, parce que je suis comme ça depuis toujours !

Monique — Alors, pareil !

— Ce qui est un avantage parfois.

Monique — Oui, si vous le voulez, nous, c'est le métier qui on a appris tout ça !

— Oui !

Monique — Et en même temps, on a quand même eu l'habitude aussi de savoir classer, et, Hein ?

— Hum !

Monique — On y arrivait, hein ?

— Oui !

Monique — Mais, même la médecine du travail disait : « Mais comment vous faites dans votre service pour tenir le coup ! « Ouais, Parce que vous savez, à certains stades, où on a beaucoup de choses pour faire les travaux, etcétéra.

Monique — Au début, elles ne valaient rien du tout, la médecine du travail d'ailleurs ! Mais après, c'était pas mal du tout, hein ? Il y en avait une comme ça, j'ai corrigé des mémoires avec elle.

Monique — Et elle me disait : « Moi, je ne sais pas comment vous tenez debout ! » Et en plus leurs locaux étaient juste en dessous de la maison. Ça s'appelait la maison de cure à l'époque. Maintenant ç'a changé parce qu'il n'y a plus qu'un étage de long séjour. Le reste, c'est plutôt de longs séjours, hein ?
Mais j'allais voir mon père qui était là ! Alors, elle me voyait ! Elle est même venue le jour de l'enterrement de papa. Hein ? Et le personnel qui allait en visite programmée, parlait, probablement. Elle me disait : « Je ne sais pas comment vous faites, parce qu'ils sont tous, à vous admirer et à vous plaindre !». Je ne m'en rendais pas compte, hein ?

— Mais c'est parfois, c'est des traits de caractère et le fait que vous vous intéressez à plein de choses, font que c'est parfois sur un mode d'organisation, je dirais même un mode de fonctionnement.

Et moi je vous comprends totalement, parce que je suis dans le même principe. C'est qu'à la fois, je suis en train de travailler sur quelque chose et je passe d'une chose à une autre, parfois il y a des choses que je sais que « OK c'est rapide », mais d'autres plus complexes, dont je connais déjà par l'expérience, toutes les étapes par lesquelles je dois passer. Du coup, lorsque je suis en train de parler avec la personne, si la personne n'est pas dans le même raisonnement que moi, elle ne me suit plus.

Monique — Oui, alors vous voyez ? Il y a un certain âge. Parce que pour moi, c'est très récent, c'est depuis que je me suis cassé la figure dans les escaliers, là.

— Hum, Hum.

Monique — Puis un trauma crânien, pas très grave, mais rien de cassé. Mais il se passe quelque chose comme ça dans la tête, Oui !
Alors, déjà à cause de mon mélange diabète, narcolepsie, apnée qui était découverte après d'ailleurs ! Et puis ils me cassent les pieds, et ne veulent pas que j'arrête !

Monique — en plus c'est du matériel (respirateur) qui on doit nous changer. Parce qu'il y a des mousses cancérigènes dedans !

— *Ah ! oui, en plus !*

Monique — Et j'attends comme ça depuis le début du mois de janvier.

— *Mais vous avez sollicité ou pas ?*

Monique — Oui, ils ne l'on ont pas reçu !

— *Ah d'accord ok, oui avec nous, avec les problèmes de transport en ce moment, c'est compliqué !*

Monique — Et puis je pense qu'ils ne sont pas pressés non plus !

— *Ah, d'accord !*

Monique — Et puis, il y a beaucoup de problèmes partout, hein ?

— *Oui, mais vous me disais, que vous constatez, quoi ? Qu'il y a un changement dans votre raisonnement ?*

Monique — Moi je cherche mes mots !

— *Oui ?*

Monique — Si vous voulez, je peux comparer, avec cette amie qui a quatre-vingt-dix ans qui physiquement est un peu fatiguée, mais honnêtement elle est vraiment bien lucide.

— *D'accord.*

Monique — Que moi, je suis lucide, je m'en rends compte, mais elle me dit à chaque fois : « Tu n'es pas toute seule, ça nous fait ça aussi !» Mais enfin, elle a 10 ans de plus que moi et puis moi j'ai ça déjà depuis dix ans !

— *Chercher les mots, ne veut pas forcément que cela soit lié à une perte de facultés ou de mémoire ! Ça ne veut rien dire ! Chercher les mots parfois, c'est le fait que vous êtes en train de penser à plusieurs choses en même temps ! Et qu'au moment que vous êtes en train de penser une chose, la chose suivante à laquelle vous dit : « tiens je pense à ça ! » mais il y a quelque chose qui me stimule, c'est juste le switch, vous voyez ?*

Monique — Oui.

— *Parce que cela arrive à tout le monde !*

Monique — Bah Oui, mais dans le même domaine, moi j'appelle ça, les troubles de la concentration, hein ?

— *Oui.*

Monique — Ce sont des troubles de l'attention, plutôt je pense !

— *Oui.*

Monique — Mais est-ce que non seulement ça me le fait pour les mots et ça, c'est très très récent ! Mais bien avant, ç'a commencé par je cherche les affaires !

— *Oui ! Ah ça !*

Monique — Alors là, c'est essentiellement ciblé sur les papiers ! J'en ai partout des papiers ! alors là, c'est autre chose, ce n'est pas parce que j'ai mis quelque chose en dessous (elle montre les papiers en dessus de la maison des oiseaux posés sur la table basse du salon).

C'est pour le faire passer parce que je fais partie d'une association pour la mémoire du cimetière de la ville de Villejuif.

— *D'accord.*

Monique — Et on fait de la généalogie, par ce biais-là, et c'est intéressant hein ? Il ne faut pas croire, mais c'est surtout pour me stimuler !

— *Bien sûr.*

Monique — Mais donc là, j'ai un beau document avec toutes les médailles. Ah, mais bon, il faudra que je vous le montre avant de partir ! Bon, enfin donc j'ai ce problème-là ! Vous voyez ? Et je perds mes affaires sans arrêt !

—*Je dirais que vous savez poser les affaires. Cela arrive à tout le monde de poser ses documents, puis de le retrouver plus tard, alors qu'il ne le cherche plus.*

Monique — Et moi, si, je me dis ça !

— *Voilà !*

Monique — Mais en même temps, là où j'ai perdu le fil !

— *Ah oui, mais après ?*

Monique — Oui, mais là, c'est pareil ! C'est comme quand j'ai déménagé la dernière fois, quand je suis venu ici. J'avais fait mes beaux cartons. Enfin, comme j'étais dans le 13e avant, j'avais une Twingo vous savez ! Il y a eu des déménageurs, mais il y en avait aussi beaucoup dans ma voiture, vous voyez ? (rire). Mais pendant trois semaines, je savais où étaient les choses, et en plus j'avais marqué sur les cartons, hein ? Mais après, plus rien !

— Et après ?

Monique — Là j'ai refait les peintures, ici là ! Ça fait six mois, mais je le fais par étapes, quand même ! Avant je faisais tout ça en famille !

— Oui.

Monique — Pas du tout pareil !

— Oui, ce n'est pas pareil !

Monique — Ceci dit, il est aussi très gentil, c'est un monsieur (entreprise qui fait les travaux).

— Oui, vous m'aviez dit portugais !

Monique — Monsieur CONCERNA, il n'était pas portugais, du Portugal, mais il y en avait dans son équipe. Il venait avec son fils qui devait prendre l'affaire et ils étaient toujours accompagnés par un monsieur Malien et on est resté copains aussi (rire). Mais je faisais comme avec vous, commençais le matin, il arrivait à 8 h 30, j'avais préparé le café et après on commençait les travaux.

Écoutez, vous croyez que ça compte tout ça ?

— Ça compte, ça compte toujours !

Monique — Mais moi, j'ai tort, parce que je suis trop ouverte, à la limite, et, mais moi, j'ai besoin de quelque chose, alors non. Mais ça ne s'est jamais quand je veux ! Hein ?

— Mais vous savez, ça compte, dans le sens de l'échange ! Et très souvent, cet échange-là, parfois avec des personnes que vous connaissez de nulle part, que vous rencontrez et qu'après, parfois il y a des amitiés qui se créent. Alors qu'au départ vous dites, que vous ne pensez pas ! Et des personnes que vous connaissez depuis des années, que vous côtoyez pendant des années et vous rendez compte que finalement le lien d'amitié n'est pas aussi puissant, qu'une personne que vous rencontrez, vous discutez !

Monique — Ah, ça je suis tout à fait d'accord avec vous !

— C'est dans ce sens-là que le dis.

Monique — Vous voyez, par exemple, avec ma propre famille, la génération là, qui suit. Mon neveu est de 1966. Alors, vous voyez ? Il est encore plus âgé que vous, hein ? Et sa sœur, elle a eu 60 ans, là en novembre, voilà ! Elle a eu sa gamine à quarante ans, elle a changé de mari, d'accord, mais enfin, vous voyez ?

Oui, j'en ai une autre, mais elle est en province et puis ma sœur aînée, elle était très malade, elle a traîné, ça aussi, un peu toute sa vie. Alors, je pense que sa fille a eu peur que moi je sois aussi à leur charge ! Alors, elle m'a carrément dit : « Tu n'as pas les mêmes valeurs que nous ! » Et depuis, plus de nouvelles !

— *Mais ça malheureusement ce sont les aléas de la vie, après....*

Monique — Ouais, ah, Oui, c'est vrai que moralement, moralement j'entends ! Là, c'est la solitude !

— *Alors, puisque vous le dites, justement comment aujourd'hui...*

Monique — On peut être seule au milieu de la foule !

— *Alors, comment vous faites-vous aujourd'hui ? Comment vous faites, pour occuper vos journées ?*

Monique — Bah, je vous dis, j'ai plusieurs activités, qui en même temps ne sont pas des bavardages ! Vous voyez ce que je veux dire ? Et il y a l'activité, bah, dessiner ! C'est sûr que maintenant je commence à avoir mal aux mains et je n'arrive plus à faire grand-chose ! Alors qu'il y a encore un an, je faisais aussi de la

sculpture ! Tous les petits trucs là, c'est moi ! (objets dans son salon)

— *Je vois, je vois ici !*

Monique — Oui, c'est du béton cellulaire, là ! (sculpture d'une femme)

— *Ce assez joli !*

Monique — Bah, c'est joli, non, moi je n'ai pas la prétention ! Mais comme j'ai dû mettre six mois faire ça, je ne la jette pas quand même ! Quoi ? Vous voyez ce que je veux dire ? Il y a aussi celle-là ! Et elle ne ressemble pas du tout au modèle, (rire) je peux vous dire ! Le modèle avait la tête penchée comme ça et une bouille ronde et des cheveux à la garçonne ! (rire) Mais vous savez, quand on sculpte, c'est une histoire de proportions. Après pour arriver à rattraper, j'ai fait un chignon ! (rire).

— *Oui.*

Monique — Et je l'ai appelée madame Bovary (rire) et ça, c'est moi qui l'ai fait ! (maison pour oiseaux) Ça, c'est pour la fête de la ville de Villejuif, on mettait ça dans les arbres.

— *Oui, c'est une maison pour les oiseaux ?*

Monique — Oui, enfin je vais vous le dire franchement. Je les fais à la maison, plus que là-bas (centre culturel) parce que quand on est nombreux, on passe et avec un coup de coude, on vous abîme tout ! Mais je me suis beaucoup amusé à faire ça !

— *Oui ?*

Monique — Et je m'en sers pour cacher ce qui n'est pas beau ! J'ai mes comptes là, en dessous ! (rire) Et représente là, les enfants, les parents, vous voyez ? (boite à oiseaux)

— *Oui, donc c'est fait en carton ?*

Monique — Non, ce n'est en carton, c'est du polypropylène !

— *Oui, je vois !*

Monique — Et on le lie, comme ça, avec des petites coupes ! Je me suis beaucoup amusée !

— *Au début je pensais que c'était le carton, mais non effectivement !*

Monique — C'est du polypropylène, c'est pour ça que ça tient bien le coup ! Alors de temps en temps !

— *Et vous avez déjà pensé à l'écrire ?*

Monique — Oui.

— *Parce que ça pourrait être très intéressant !*

Monique — Mais pour l'instant, je n'ai pas été très courageuse et mes collègues me réclament ! Oui, ils voulaient qu'on écrive nos mémoires. Parce qu'en fait, j'ai gardé beaucoup de contacts, qui seront un peu superficiels maintenant ! Mais ça me sert ! Hein ? Avec d'anciennes collègues, on me dit : « On a eu une vie tellement riche à l'hôpital que, ce serait dommage de le perdre ». Je voulais qu'on le fasse sous forme d'une conversation !

— *Tout à fait !*

Monique — Elles me disent : « Tu commences et on te suivra ! » Seulement, voilà ! Il faut que je m'y mette ! Et j'avais un atelier d'écriture, mais je ne peux plus y aller, d'abord parce que ça me faisait cher pour mon budget et en plus la dame là, c'est dans son appartement et c'est demi-étage ! Je ne peux plus y aller ! (triste)

— *Mais quand on parle d'écriture, vous savez, ce n'est pas compliqué ! Vous prenez un stylo, un crayon de bois. Un crayon de bois parfois, c'est encore mieux, parce que vous savez, quand on écrit au crayon...*

Monique — Comme ça on gomme !

— Tout à fait ! Alors, il y a un biais cognitif qui j'ai découvert ! C'est que lorsque vous écrivez avec le crayon de bois, vous n'avez pas cette comment dit, il n'y a rien qui vous empêche d'écrire, parce que vous savez que vous pouvez gommer, et ça vous libère l'écriture !

Monique — Oui, mais il faut acheter de la mie de pain pour ça ! C'est une gomme spéciale !

— Oui, Oui,

Monique — Qui est mieux qu'une gomme normale !

— Voilà, et quand vous écrivez au crayon, du coup, cela vous libère l'écriture et sans vous rendre compte que vous allez remplir un cahier, deux cahiers, dix cahiers et voilà !

Monique — J'ai appliqué cette méthode pour mon petit Idriss parce qu'il ne savait pas faire des S !

— Oui et après il a écrit plus facilement ?

Monique — Oui, maintenant il écrit bien les **S** ! Mais par contre je ne sais pas pourquoi on leur apprend à écrire en script ! Parce qu'écrire en script, c'est plus facile à lire pour tout le monde !

— Alors ça dépend des écoles, ça dépend de l'éducation à la maison !

Monique — Alors leur maîtresse s'est plaint de l'enchevêtrement des mots ! Et alors depuis qu'il arrive à faire les **S**. Ce sont les **E** et il les fait tout petits ! Et il ne sait plus maintenir la dimension entre les lettres, vous voyez, c'est très intéressant, ça !

— Ça oui, mais le crayon, je veux vous dire le crayon !

Monique — Oui, je l'ai dit : « écoute, on fait un brouillon, hein ? et après si tu me dis si c'est bon et tu apprécies !*

—Effectivement, il n'y a plus de blocage cognitif et la personne se libère vraiment pour l'écriture. Nous avons parlé de l'accompagnement. Maintenant, on va parler de l'autonomie : Quelle est l'image que vous avez aujourd'hui dans l'accompagnement des différentes structures qui existent pour la personne âgée et favorise-t-elle ou

non l'autonomie des personnes selon vous ?

Quelle image avez-vous, aujourd'hui, de ces structures ? Parce que vous savez, aujourd'hui, il y a les E.H.P.A.D., les résidences autonomie et le service à la personne ?

Monique — On est loin d'être parfait ! Vous connaissez bien les résidences autonomie ?

— Un petit peu, pas tellement parce que je connais théoriquement, mais je n'ai pas exercé.

Monique — Parce que moi j'habitais dans le 13e à un moment donné. Bah, quand je m'occupais des prélèvements. Là j'ai eu un appartement par la Paix à la demande de Mr Cabrol, d'ailleurs ! (rire) Il était temps, j'ai fait ça à la fin de ma carrière et puis j'avais ma mère à charge et mon père à l'hôpital, donc ça simplifiait vous voyez ?

— Et donc vous étiez en résidence autonomie ?

Monique — Alors non, c'était pour maman !

— Ah d'accord !

Monique — Bah quoi, elle était chez moi ! Mais il y avait des structures dans la ville où elle devait résider ! Bon, elle a tenu quinze jours, alors elle n'a pas eu vraiment le temps d'avoir le bénéfice qui s'appelait hôpital de jour, vous voyez ? Mais eux quand même, ils avaient fait ces pâtés d'immeubles-là ! Qui sont vers le boulevard Vincent Auriol. Il y avait plein d'appartements réservés pour les personnes âgées en rez-de-chaussée avec un restaurant. Vous voyez ? Où ils pouvaient aller, mais chacun était chez soi !

— Tout à fait ! C'est le concept, c'est l'idée de la résidence autonomie, ce qui permet à la personne d'être toujours chez elle, de faire à manger chez-elle. Mais à côté, elle dispose d'un service de proximité, qui lui permet de subvenir à ses besoins !

Monique — Oui, mais ceci dit, c'est une histoire de budget, encore une fois ! Parce que j'avais mon assistante sociale, avec qui je travaillais dans le temps et qui maintenant est décédée. Elle était comme ça à Boulogne, dans ce genre de résidence autonomie. Elle avait un petit deux pièces qui étaient tout à fait adaptées. Elle vivait avec son mari qui avait un Alzheimer. Il était hospitalisé. Eh bien et là, ça m'échappe, les mots que je voulais vous dire, d'un seul coup ! C'était très bien, mais ça coûtait déjà, ça fait dix ans, 3800 euros par mois !

— *Ah oui, c'est trop cher !*

Monique — Alors, lui avait été agent changes, ou je ne sais pas quoi avant ! Il y avait de l'argent et elle était d'une famille avait de l'argent aussi ! Et moi je ne peux pas me permettre, je n'ai pas cette retraite hein ?

Ce qui me gêne parce que pour moi, j'appelle ça un peu foyer retraite aussi, même si ce n'est pas tout à fait la même chose, mais enfin, c'est un peu voisin.

— *Oui, dans le même style !*

Monique — Mais en province, c'est pareil, j'ai une amie qui a quatre-vingt-dix ans, qui est logée en pleine ville, à Charenton. Moi, je connais un peu Domitys, Domusvi, je ne sais pas exactement ! Eh bien, ce n'est pas tout à fait ce qu'il faut aussi, parce que ce n'est jamais en pleine ville !

— *Oui, c'est excentré du centre-ville, du coup, c'est beaucoup plus compliqué !*

Monique — Oui, dès que vous voulez aller quelque part, il faut payer le taxi, mais je vous jure quelque part…

— *Oui, géographiquement, ces résidences ne sont pas adaptées !*

Monique — Voilà, si vous le voulez, ne s'est pas adapté à nos budgets !

— *Alors que le maintien à domicile, c'est beaucoup mieux ?*

Monique — Oui, c'est ça !

— *Mais ça, à condition de maintenir un nombre d'heures suffisant pour que vous puissiez je dirais ne pas être isolé socialement !*

Monique — Voilà, et alors là, on n'est pas socialement isolé ! Il y a 126 appartements, il y a deux escaliers, en fait, c'est deux immeubles, l'un à côté de l'autre.

C'est pourquoi je l'ai choisi et mon grand plaisir et pour cela que le l'ai choisi, il y a à l'école maternelle en face ! (rire).

Bah, je n'ai pas eu d'enfants, je n'ai pas été mariée ! Bah, j'ai eu des filleuls et mes neveux quand même !

— *Le bruit du matin, ça vous inspire ?*

Monique — Là, l'école est fermée, mais franchement, depuis qu'il y a eu la COVID, on entend chanter les oiseaux ! (rire)

— *C'est vrai qu'on n'entend pas beaucoup de bruit, on n'entend pas les voitures passer.*

Monique — Bah l'école est fermée, vous voyez, c'est très dégagé ! Bon, ce n'est pas une belle forêt, mais on est très dégagé ! Ce n'est pas désagréable !

— *Oui, alors vous me parliez tout à l'heure, qu'il y avait des mots qui vous manquaient. Pensez-vous que ça, c'est lié parfois avec l'âge, avec la perte d'autonomie ?*

Monique — Si vous le voulez, moi je considère que je suis un peu jeune par rapport à ce phénomène-là ! Mais j'ai la réponse, c'est la narcolepsie ! Alors ça fini par m'énerver, parce que je me dis : « C'est sûr, parce que le médicament que je prends pour me tenir éveillée, ça joue sur la concentration ! ».

— *D'accord, mais dans un autre registre, sans aller dans le sens médical. Selon vous, comment percevez-vous la notion de perte d'autonomie ? Pour vous qu'est cela représente ?*

Monique — C'est dépendre des autres !

— *Dépendre des autres ?*

Monique — Moi j'ai passé mon temps à aider les autres ! Ça me va très bien ! D'ailleurs, je passe un temps fou au téléphone ! Parce que je les appelle tous, pour avoir des nouvelles ! Le petit mot qui va ! Un petit peu, Hein ? En plus, j'utilise mes connaissances !

— *D'accord.*

Monique — Je leur dit : « Ne t'inquiètes pas, j'ai vu ce cas-là ! » etc.. « Allez faut tenir le coup ! » « Je suis là ! » Je leur explique le résultat des examens ! Vous voyez ? Il faut que je me rende utile !

— *oui*

Monique — Sinon je ne suis pas bien !

— *Et du coup, le fait de sentir qu'il y a une certaine perte d'autonomie, ça vous fait sentir comment ?*

Monique — Perte d'autonomie, c'est aussi perte d'utilité, quoi !

— *D'accord ! parce qu'on est tous utiles d'une certaine façon ! on est tous utiles pour soi et pour les autres !*

Monique — Alors en ce moment, ma grande consolation. C'est grâce à ça, à ce déambulateur ! J'arrive à monter dans certains bus !

Monique — Hélas, souvent, c'est un peu quand même difficile parce qu'ils ne mettent pas la tirette, en ce moment il y a des gros progrès d'ailleurs ! Et ils ont changé les bus, là j'ai fait une expérience encore avant-hier je crois, hein ? Avec qui j'étais ? Même hier, hier on a pris le 95 (bus) ils sont grands maintenant, hein ?

— Oui, ce sont des bus articulés en deux non ?

Monique — Oui, en plus, même ceux qui ne sont pas articulés, il y a la porte du milieu ! Mais c'est interdit ! Normalement ! Mais nous on peut y monter, comme les mamans avec leur poussette canne !

— Oui.

Monique — Le problème, c'est qu'il faut bien choisir ses horaires, mais sinon voilà, il y a le bus 323 qui me permet d'aller là-haut (Montmartre). Parce que c'est une colline, là, de l'autre côté, et il s'arrête à peu près sur le trottoir !

— Et parfois, il y en a certains, qui ont carrément un petit plateau !

Monique — Mais ils ne le sortent pas !

— Oui, j'en ai vu certains qui le font, le TVM que je prends de Saint Maur jusqu'à Créteil, dès qu'il y a des mamans, dès qu'il y a des personnes âgées, il s'arrête pile-poil et sort le plateau !

Monique — Non, ce ne s'est pas assez au point, ça !

— D'accord, d'accord.

Monique — Ce n'est pas du tout au point ! Et alors ça fait mal au poignet, vous voyez ?

Moi j'ai la capsulite, en plus ! Ce matin je n'étais vraiment pas bien, hein ?

— Mais vous avez bu un petit café, vous voulez prendre encore un petit fond de café ou non ?

Monique — Ah vous pouvez ! Vous voulez que je vous le fasse chauffer ? (tasse à café)

— Non, ne vous en faites pas !

Monique — Moi, je n'ai même pas fini le mien, Bah, tiens, vous voyez ?

— Voilà encore un petit peu ? Vous voulez que je vous aide ? (Je lui propose de remettre un peu de café dans sa tasse)

Monique — Non, ça va ! Ah bah non il ne faut pas exagérer ! La douleur, Euh, dans la douleur, il y a l'échelle, l'échelle de la douleur !

— Oui, tout à fait !

Monique — Puis, il y a aussi un truc qui marche pas mal, c'est le FLECTOR c'est un anti-inflammatoire local. Parce qu'on n'a pas le droit, avec le diabète, et comme moi je suis sous insuline hein ?

— Oui, vous avez l'appareil pour tester le taux ?

Monique — J'ai le capteur !

— Ah, vous avez le capteur d'accord ! Parce que j'ai ma maman qui a 70 ans, qui est devenue diabétique à ma naissance et elle a eu malheureusement une rétinopathie donc elle est devenue aveugle !

Monique — Ah bon, vous connaissez bien le problème aussi alors ! C'est bien !

— Elle a 70 ans et malgré le fait qu'elle est devenue aveugle. Elle est devenue aveugle à l'âge de 50 ans

Monique — Oh oui, quand même !

— Et qu'elle a changé complètement de vie, elle a appris le braille ! Pour elle, c'était juste : « OK, j'ai perdu la vue, mais j'ai d'autres sens !» Vous voyez ? C'est une leçon de vie aussi ! Bref ! Et du coup, la notion de diabète, c'est quelque chose pour elle, c'était tous les jours.

Monique — Moi j'ai comme, ça fait partie des choses que je faisais là ces temps-ci !

Monique — J'ai un petit plumier, c'est pile-poil pour mettre ma seringue insuline rapide, ma seringue à insuline pour la nuit. J'ai mon pilulier, tout est organisé. Parce qu'il me faut des inter contrôles !

— Bien sûr.

Monique — Et même en ce moment, depuis que ç'a commencé (pertes de mémoire). Maintenant, ça m'inquiète d'ailleurs ! Ça ! Et bien j'oublie de faire mon insuline !

— Ah ça, il faut mettre des réveils sur le téléphone !

Monique — Ah, bah, je ferais que ça ! Vous vous rendez compte, c'est quand même quatre fois par jour !

— Bah, écoutez, si vous mettez le réveil, cela pourrait vous aider. Je vous donne un exemple, en ce moment, j'ai coupé tous les réveils pour qu'on ne soit pas dérangés pendant l'entretien.

Monique — Bah, écoutez sur mon téléphone, je le mets le matin ! Et en ce moment je n'ai pas le son !

— Ah parce que vous avez baissé le son ?

Monique — Non, mais il paraît que ces temps-ci il a eu des problèmes avec des fournisseurs d'accès ! Si ça se fait, c'est à cause de ça que je n'ai pas ma télé non plus !

— D'accord parce que moi dans mon téléphone, en dehors de la connexion tout fonctionne !

Monique — Ah, tiens là, j'ai regardé, parce que j'ai envoyé un message à celle que j'ai rendue visite et quand je suis le Métro, ce n'est pas ça !

— C'est peut-être dans les paramètres de votre téléphone, hein ?

Monique — Bah, j'ai regardé dans les paramétrages et je ne fais que de le remettre !

— C'est peut-être que les sonneries ne sont pas bien activées ?

Monique — Alors vous voyez, ce mouvement là avec la main ? (elle touche le téléphone)

— Oui ?

Monique — Pour pouvoir faire apparaître les images ! Voilà, là j'ai réussi ! Vous voyez j'ai un mal fou et c'est toujours au moment où je voulais vérifier que je n'arrive pas ! Et je vais, par exemple, à une réunion ! Bon j'arrête pour pas déranger, normalement je n'ai pas besoin d'étendre là, hein ?

— Non.

Monique — Je peux me contenter d'étendre là ! Bah, ça sonne quand même !

— Ah, oui, moi, ce que je fais. Ah oui oui, je comprends ce que vous voulez dire, c'est-à-dire que là, il se remet en silencieux, au moment

que vous vous êtes obligé de le désactiver ?

Monique — Alors, je suis obligé de le désactiver et à l'inverse et ça se ressent hein ? Ces jours-ci, par exemple, hier là, j'ai été retrouver mon amie ! Elle m'a envoyé un message, elle était encore dans le métro pour me dire : « tu ne t'inquiètes pas, j'arrive ! » Parce que j'allais avoir du mal à rester debout ! Elle attend hein ! D'ailleurs, je me suis assise devant un café, puis du coup, on y a mangé, parce que je ne pouvais plus tenir debout quoi !

— Oui, et vous avez reçu le message au moment où vous étiez déjà arrivé ?

Monique — Eh oui !

— Ça, c'est vrai que la technologie parfois ne fait pas tout

Monique — Là, c'est trop fin en définitive ! (sensibilité du téléphone)

— Après, c'est peut-être la sensibilité du téléphone qu'il faut régler ?

Monique — Peut-être, mais mes doigts me gênent, et ça, c'est compliqué !

— Quoi ? Dans la sensibilité ?

Monique — Alors là, la diabétologue qui a remplacé monsieur Grimaldi, elle ne me comprend pas ! M. Grimaldi, qui est super connu lui aussi, hein ? C'était génial ce monsieur-là ! C'est marrant, il y avait une génération, ils étaient chouettes !

— De médecins ?

Monique — Ah oui, parce que justement, ils n'étaient plus de mandarins, mais, vous voyez, par exemple, Mr Grimaldi c'était donc un diabétologue. Il venait en bicyclette à l'hôpital ! Avec les bicyclettes hollandaises, vous savez ? Qu'on traîne au pied (rire). Et puis toujours souriant, toujours aimable vous voyez ? Et je me souviens quand j'allais en consultation, quand on avait découvert mon diabète. C'est au cours d'une hépatite, qu'on a découvert mon diabète ! Ç'a tout fait flamber le diabète, la narcolepsie et tout en même temps, hein ? Mais je savais que, enfant, j'avais déjà des problèmes ! Mais vous voyez ? J'avais traversé ma vie comme ça, parce que je n'étais pas sédentaire hein ?

— Oui, parce que vous étiez toujours active !

Monique — Alors ça, ç'aide ! Hein ? Parce que, je ne sais pas ce qu'en pense votre maman, mais l'essentiel, c'est de bouger hein ?

— *Elle bouge toujours ! même si c'est plus compliqué, mais elle bouge toujours, parce que pour elle, c'est une manière d'être toujours active !*

Monique — Oui, mais elle a des enfants et elle n'était pas toute seule ! Et il y a peut-être encore votre papa ?

— *Non, mon papa est décédé en 2004.*

Monique — Oui, c'est récent.

— *Il est décédé d'un cancer. Ils étaient séparés depuis l'âge de mes 7 ans, donc vous voyez ?*

Monique — Donc ce n'était pas ça !

— *Ce n'était pas ça ! Mais elle avait sa vie ! moi j'ai eu ma vie, parce que c'est mon père qui m'a élevé. Même si, voilà, c'est une vie... Disons que j'ai eu vie un petit peu particulière.*

Monique — Vous avez été très jeune !

— *Très très jeune, voilà ! Mais après mais c'est la vie, c'est*

comme ça ! C'est pour ça que justement j'ai choisi ce métier.

Monique — Parce que c'est toujours ça ! Vous savez, parmi mes greffés comme ça ! Au début ça ne marchait pas bien hein ? Les femmes entre autres, elles avaient ah, elles avaient quand même un désir d'enfant et j'en ai connu, c'était leur enfant qui les gérait,

— *Oui, parce que parfois, malheureusement, on n'y est pour rien.*

Monique — Et alors, moi je leur disais : « écoute!», « Secoue-toi quand même!», « Ce n'est pas normal que ce soit ton fils qui a six ans qui te rappelle, maman tu dois prendre tes médicaments ! » etc Hein ?

— *Mais ça malheureusement, après parfois dans ma vie, les choses sont faites comme ça ! Hein ? Vous savez...*

Monique — En plus ces pauvres petits, comme j'en connais un, qui sont en Vendée maintenant. Lui, il est greffé depuis 1993 du cœur ! Et, mais en plus il était diabétique, c'est un des premiers diabétiques qu'on a quand même bien voulu greffer, parce qu'on gérait pas mal, puis surtout il avait une femme adorable qui lui servait d'infirmière (rire) Mais à l'époque elle travaillait, parce qu'il gagne sa vie à sa place !

— *Mais ils sont toujours en Vendée ?*

Monique — Oui, ils sont toujours en Vendée, mais là je pense qu'il ne passera pas l'année. Il est de 1949, et quand je l'emmenais partout, expliquer aux jeunes, dans les lycées et collèges et tout.

Monique — Ce que c'était la transplantation et pourquoi il fallait dire DON ! Ah bah, alors lui il était titi parisien en plus ! Alors, vous savez, cela passait très bien ! Puis, on avait des petites vidéos, beaucoup aussi

— *Je pense qu'aujourd'hui les gens sont beaucoup plus sensibilisés à la notion de don qu'auparavant, n'est pas ?*

Monique — Je ne sais pas, si l'état d'esprit a vraiment changé !

— *L'état d'esprit, c'est la société qui le façonne !*

Monique — Alors, il y a des gens qui ont déjà d'avance ce goût du don, alors ça ne pose pas de problèmes. Il d'autre que… C'est pour ça que beaucoup de choses passaient par les centres de transfusion d'ailleurs hein ? Moi, pour aider là j'allais dans les

collectes de sang, vous voyez Parce que là, c'est pareil, on rencontre les gens.

— *Oui, ce n'est pas qu'après, avec les personnes qui ont été confrontées à la difficulté liée à des soucis médicaux. Elles sont beaucoup plus réceptives à la notion de don, qu'une personne qui n'a jamais été confronté à ça !*

Monique — Mais le don n'est pas que ce don-là, hein ? (rire)

— *Oui mais...*

Monique — Parfois, il y a des gens qui sont généreux et qui vous diront : « Non, je ne veux pas donner ! » Et là, c'est autre chose !

Monique — Moi j'en ai un dans ma famille, maintenant ils m'en parlent plus. Bah, mon neveu justement, il me disait : « Mais on est, on meurt ! » « Il ne faut pas toujours vouloir passer au-delà des limites ! » Vous voyez ?

— *Je dirais qu'il y a des personnes qui parfois ne le conçoivent pas, parce qu'ils ne sont pas forcément concernés. Après il y a cette question de génération, de vécu, de perception des choses. Hein ? Euh, Justement, je comprends que, vous l'êtes plus tôt, vous savez ? Je vais vous parler des proches, mais je vois que vous êtes plutôt quelqu'un d'indépendante !*

Monique — Indépendante non ! Moi j'ai besoin toujours demander avis ! J'ai du mal, je prends des décisions en un quart d'heure, mais ça fait dix ans que je pense, quoi !

— D'accord !

Monique — J'aime bien avoir l'avis, vous voyez ? Là mon amie, elle est venue avec moi parce que j'ai dit : « Moi je vais acheter mes vêtements maintenant, ils vont me baratiner, je ne sais pas s'il y a un défaut dans le dos, etc et puis je n'ai pas la taille mannequin, je veux ton avis ! » « Vous voyez ? Ça un petit détail, ce n'est pas grave, mais pour les grandes décisions, par exemple acheter mon appartement, je n'ai pas acheté comme ça, ma sœur aînée était encore vivante, son mari aussi. « Bon, bah, vous venez avec moi, vous regarder ! » Vous voyez ? Je n'aime pas prendre de décision ! Je ne suis pas indépendante si vous voulez ! Je suis autonome, mais je ne suis pas indépendante !

— D'accord ! Bon, je vais vous parler de la COVID ! Comment avez-vous vécu cette crise sanitaire de la COVID ? Pour

vous, que je crois, que vous êtes quelqu'un d'active...

Monique — Bah je vais vous dire franchement, j'étais coincée chez-moi, non pas à cause de la COVID ! Mais à cause de mes problèmes ! Et alors justement, mon Kiné que je vois deux fois par semaine parce que le Rhumatologue dit : « Ah, je vous plains ! » « Mais je ne peux rien pour vous ! » « Alors avec ça, n'arrêtez surtout pas la kiné ! » mais le problème est qu'il est un peu loin. Heureusement que je marchais, que je me débrouillais avec mon déambulateur. Parce que sinon j'arrive plus ! Moi, je faisais de la gym douce !

— D'accord !

Monique — Hein ? C'était très bien, il y avait même un truc qui avait été fait là, à Livry-Gargan par le département, qui était super bien et qui a disparu du coup !

— Vous étiez, malgré le fait que la situation sanitaire était complexe, vous êtes restée quand même active ?

Monique — Oui, par contre ils avaient été géniaux au niveau de la mairie ! À ce moment-là et ils nous envoyaient quelqu'un pour faire les courses !

— *Ah, mais c'est super !*

Monique — Alors, ils venaient, alors là, c'est pareil, ils sont souvent sur votre responsabilité ! Bon je fais confiance, alors parce que je ne voulais pas donner ma carte de crédit quand même donc je faisais un chèque en blanc et ils allaient chez Leclerc et puis voilà je l'avais déjà signée quoi !

Je prenais ce risque ! Comme ça il n'y avait pas besoin de faire des échanges d'argent vous voyez ? Et je suis tombé sur que sur des gens gentils

— *Selon vous cette crise, qui c'était quand même une crise majeure, avez-vous ressenti de la solidarité ?*

Monique — Il y a eu de la solidarité, et même-là, lorsque je prends le bus quand même, parce qu'il y a toujours, quelqu'un qui, voyant, que j'ai des difficultés, va venir tirer mon déambulateur !

— *D'accord ! Donc, vous sentez que cette crise, à la sortie, a fait ressortir le bon côté des gens ?*

Monique — Pour certaines ! Oui !

— *Pour certains bien sûr ! Malheureusement, la condition humaine étant ce qu'elle est !*

Monique — Il y a aussi des commerçants d'en dessous, là ! Les Turcs et je n'ai rien contre les Turcs, mais ils ont fait fortune pendant ce temps-là et là, c'est un problème avec notre immeuble Parce que le sol, ça ne leur appartient pas, mais l'équipement oui, hein ? Et ils vendent moins cher, alors ils ont des clients ! Ils ne sont pas mal d'ailleurs, ils sont gentils, mais alors c'est tellement étroit !

— *Oui, il n'y a pas de place !*

Monique — Mais ce qui se vend dehors, je peux regarder, et bien, ils ont repris un magasin qui était un genre de quincailliers, un peu qu'il y avait plein de C'était super bien pratique et il y avait un magasin de bricolage ! Alors ça ! C'est mon truc à moi ! D'aller chez Leroy Merlin et aller chez Ikea, c'est mon truc ! (rire)

— *Pour vous, ça vous fait voyager ?*

Monique — Que je ne peux plus faire ! (rire)

— *Oui, mais ça vous permet de faire passer le temps !*

Monique — Ah, j'adore ça les magasins de bricolage, j'adore ça ! Eh bien ils sont en procès avec l'immeuble, parce qu'ils n'ont pas demandé l'autorisation pour les travaux ! Et du coup, c'est le propriétaire qui est obligé d'assumer et là ils ont je suis sûr qu'ils ont dépensé une fortune.

Ah, je ne sais pas d'où ils la sortent cette fortune ! Mais je ne sais pas s'ils étaient turcs en France depuis longtemps, ou pas ? Parce que je ne connais pas tout le monde hein ?

Quelques employés comme ça, vous voyez, ils ont quand même, aussi recruté un peu de gens à l'envers à un moment donné, c'était un jeune russe qui était à la caisse (rire). Vous voyez, les gens me parlent très facilement, ou on ne parle pas du tout !

Et ils me confient leur vie assez facilement (rire). Alors l'obligé de les freiner hein ?

— Oui, je vous comprends.

Monique — Hein, vous voyez ? Alors, je joue sur le sourire, moi ! « Merci et souriez !»

— J'ai une question : est-ce que vous considérez que vous avez été suffisamment entourée pendant cette crise sanitaire ? Vous m'avez déjà dit qu'il y avait la mairie.

Monique — Je n'ai pas été suffisamment entourée, mais je ne

me plains pas ! Par exemple, le kiné qui était obligé de fermer son cabinet de kiné, avec 4 mômes à élever, mais il est venu quand même ! Mais il m'a dit : « Oh là là ! Moi, chez vous, je vais faire des bêtises ! » Parce que ça se voyait sur les radios de toute façon les dégâts hein ? Parce qu'il est ostéopathe au même temps !

— D'accord.

Monique — Mais là, pour mon épaule ! Bon, je fais ce qu'il me donne comme conseil ! Mais il ne me dit pas de faire de la gym à outrance ! hein ? Parce que je ne pourrais pas

— D'accord.

Monique — Et puis je tombe régulièrement !

— Ah vous faites des chutes ?

Monique — C'est pour ça, qu'on dit toujours, qu'il ne faut pas des tapis, quand on est âgée ! Moi, surtout je ne veux pas retirer mes tapis parce que ça fait moins mal quand on chute ! Pendant la période du confinement, pendant que j'étais immobilisé, je suis tombé neuf fois ! Et là je me suis esquinté un pied, alors j'ai des orthèses ! Si vous le voulez, sur le plan physique et ostéoarticulaire, je me suis beaucoup aggravée ! Et moi on m'avait dit : « j'ai d'autres cas comme vous ! « Il faut bien trois ans ! » Mais ça y est, les trois ans sont passés et moi je n'ai pas récupéré !

— Après la question, c'est, est-ce qu'au niveau de l'alimentation est adaptée ?

Monique — Moi je mange équilibré hein ?

— Car vous savez, les carences en calcium sont fréquentes chez les personnes âgées !

Monique — Moi j'en ai trop ! Je fais de l'os là où il ne faut pas !

— On arrive à la fin ! La société et le vieillissement : Lorsque vous étiez jeune, comment envisagiez-vous, votre avancée dans l'âge ? Comment au moment que vous était plus jeune et hyperactive, comment vous avez est-ce que c'est vous était arrivé d'y penser ?

Monique — J'ai toujours pensé, mais j'ai toujours été entouré de gens qui avaient besoin de moi, alors j'ai eu le temps de réaliser, entre autres, mes parents ! Hein ? J'ai pris en charge mes parents pendant longtemps !

— C'était dans une démarche active ? Et dans quel sens ?

Monique — Je vous donne un exemple typique : Comme j'avais une petite voiture, j'emmenai mes parents au marché. C'était en grande banlieue hein ? Et commerçants les connaissait bien, papa a été très vite très dépendant. Je me souviens d'une petite bouchère qui m'avait fait des reproches : « Comment vous osez traîner vos parents dans cet état-là ? » Mais je dis : « Je ne les traîne pas ! Je les fais vivre ! »
Ils avaient un petit jardin, bon on a été replanter ailleurs, tout ça, parce que pendant qu'il faisait ça avec moi, il gardait une certaine autonomie. Sinon il avait son petit atelier d'un garage, il se tapait sur les doigts, enfin, il se faisait mal et puis ça le rendait un peu agressif ! Vous voyez ?
Mais il y a eu un moment, il a fallu quand même qu'il finisse en long séjour !

— D'accord.

Monique — Mais comme c'était dans mon hôpital…

— Donc, vous étiez toujours à côté !

Monique — Je ne pouvais pas planter mon travail, mais c'est pour ça, que j'ai accepté de m'occuper des prélèvements, parce que ça m'a permis d'être autonome et puis d'avoir mon service à gérer !

— *D'accord.*

Monique — Et donc, résultat ! Je travaillais le jour, la nuit et les jours fériés ! Et j'avais maman dans le pavillon et papa à l'hôpital !
J'avais fait un contrat avec un taxi. Parce qu'en banlieue, ils sont très orientés sur le social, les taxis. C'est même ça qui les fait vivre ! L'accompagnement, le VSL et puis les taxis conventionnés, à moi ils ne m'ont pas cachée, quand j'en ai eu besoin ! eh ben ils disent : « C'est notre base alimentaire ! » Hein ? « Les gens qu'on ramène en dialyse, les gens qui vont en rééducation, c'est ça qui nous fait vivre ! »

— *Et en même temps, c'est une notion   sociale d'accompagnement !*

Monique — Voilà !

— *Et là, aujourd'hui, comment vivez-vous votre âge ? je sais que c'est très direct !*

Monique — Ce n'est pas l'âge qui me gêne, c'est la dépendance ! Parce que, vous voyez ? Par exemple, j'ai plus de cheveux là ! Mais c'est une chance inouïe, c'est ça, c'est dans le budget ! Le problème, c'est le budget, parce que je ne me plains pas par rapport à d'autres ! Hein ? Moi j'ai 2000 euros par mois, alors il y en a beaucoup qui voudraient bien avoir ça ! Mais j'ai beaucoup de dépenses en soins, tout ça ! J'aime bien faire des cadeaux, en plus ! (rire) Mais donc mon rendez-vous c'est pour aller voir le responsable de l'agence d'Orange d'à côté. Parce que moi j'ai bien l'ordinateur, mais parler aux murs et à l'écran ça ne me va pas !

— *Vous préférez les échanges directs et physiques ?*

Monique — Oui, directs, et de leur côté, ils sont les premiers à me dire : « Bonjour Mme » et ils me connaissent par mon nom ! Alors que je n'ai pas de fortune ! (rire) « mais puisqu'on est là, au moins on est contents d'avoir des clients à qui on peut parler, qui nous sourient ! » Vous voyez ?

Monique — Toujours pareil ! Quand même qu'avec mes parents, je ne sais pas si j'avais raison, mais je leur ai toujours donné l'impression que j'avais besoin d'eux ! Entre autres, maman, on allait faire le marché, je tendais la petite liste au charcutier pour qu'il me cherche qu'il fallait ! Puis, après, on mettait les champignons dans la choucroute ! Elle était d'origine alsacienne, mais elle ne savait plus !

— *Donc vous étiez là pour l'aider !*

Monique — Et maman est morte de chagrin !

— *Parce que son mari est parti ?*

Monique — Non, elle est partie la première !

— *Alors pourquoi est-elle morte de chagrin ?*

Monique — Elle était en pleine déprime et ne supportait pas de voir l'évolution de son mari.

— *D'accord.*

Monique — Et moi, c'est vrai, que ces années-là, alors je n'avais pas d'horaires ! C'est vrai que les prélèvements, c'était plutôt la nuit hein ? Pour ne pas déranger le programme de la journée ! Et puis si vous le voulez, c'est ça qui m'a beaucoup déstabilisée ! C'est pour ça que je paye un peu les conséquences de mes bêtises ! Hein ?

— *D'accord.*

Monique — Mais en même temps on était des pionnières, et puis à l'hôpital ! C'est pourtant dans l'hôpital et puis y a beaucoup d'écoles là-dedans, hein ?

Donc j'avais les cours à l'école et je n'aurais pas pu faire tout ça ! Si j'avais eu encore le service à fond ! De même dans les écoles j'allais pour leur expliquer justement les dons d'organes et tout ça !

C'était souvent avec des infirmières scolaires et certains enseignants Donc au début de ma retraite, si vous le voulez, j'ai continué à travailler quoi ! Mais bénévolement !

— *Oui, mais vous étiez active et vous êtes toujours active d'ailleurs !*

Monique — Ben, oui ! Mais ça fait trois quatre ans, mais je l'ai fait (elle parle des peintures et sculptures). Mais je ne l'ai pas jeté, parce que comme je vous dis : quand on me dit, parce que INRINKA elle sait flatter : « Vous êtes une artiste Monique ! » « Je dis : « N'exagère pas !» « Je m'amuse beaucoup ! » (rire)

— *Mais dans la vie finalement, c'est ça qu'il faut ! Il faut s'amuser dans la vie, ça veut dire qu'il faut se faire plaisir !*

Monique — Et surtout, ça fait plaisir aux autres, puisque c'est pour faire un truc de communauté, vous voyez on a fait des kyrielles de petites maisons et ils ne se sont pas cassé la tête comme moi les autres hein ? Mais Bruno (l'organisateur de cette activité) était tout fier, il était content !

Il me confiait des choses à faire, puis il me disait : « Ah, tu n'as pas fait ce que je voulais, mais ça ne fait rien, parce que tu as déjà fait, je n'ai pas assez bien expliqué, hein ? » Puis, bon, moi, je suis autodidacte là-dedans hein ?
Je ne sais pas. Oui, j'ai eu des cours de dessin très jeune, mais ça coûtait tellement cher dans le budget de mes parents et en plus je n'avais pas la passion de la personne qui faisait les cours de dessin (rire).

Elle était prétentieuse comme pas possible, parce qu'ils avaient décidé que je devais être modéliste et je suis devenue infirmière !

— Oui effectivement. Une question, pensez-vous qu'aujourd'hui il est difficile de vieillir dans ma société actuelle ?

Monique — Oh, pas plus qu'avant je pense ! Je pense que ce n'est pas plus qu'avant

— Avant, c'était plus difficile ou aujourd'hui c'est plus difficile ? D'après-vous ?

Monique — Matériellement, c'est plus facile, psychologiquement c'est plus difficile !

Et c'est difficile là, je suis subjective là, je ne peux pas me fier qu'à moi !

— D'accord

Monique — Mais en même temps, je vois l'évolution de cette amie qui a quatre-vingt-dix ans qui avait un caractère beaucoup plus autoritaire et trempé que moi ! Puisque moi, je suis pas autoritaire !

Ça, c'est mon problème, mais j'arrive autrement hein ? Mais elle a une autorité saine, vous voyez ? Et bien maintenant, je suis obligé sans arrêt de lui le dire : « Mais écoute, il n'est pas question, je te raconte ma gazette tous les jours, si je t'embête, tu m'arrêtes, hein ? et je lui dis : « moi j'ai besoin de toi ! » « Parce que c'est grâce à ton courage et à ton comportement que moi, je tiens debout ! ».

— Et donc du coup, vous sentez qu'aujourd'hui matériellement, c'est plus facile de vieillir ?

Monique — Elle commence complètement à se laisser aller, alors déjà elle ne veut pas accepter son âge ! Alors, on va lui fêter ses

90 ans, alors, qu'elle ne me parle plus que ça, jamais même !

Sa fille m'a invitée là, on va être 3 ou 4, justement celles avec qui on faisait des petits travaux, puis une autre qui travaille à la mairie-là !

Et on va aller faire un barbecue à Villiers-sur-Marne, s'il fait beau, sinon on le fera à l'intérieur. Mais elle ne veut pas qu'on lui souhaite son anniversaire !

Et ne fait que me dire : « Maintenant ma vie n'a plus aucun intérêt et en plus je ne supporte pas de dépendre des autres ! »

— D'accord, donc votre amie est dans une approche ou plutôt dans le rejet, de qui est d'une certaine façon inévitable, puisque de toute façon le corps évolue et l'acceptation de ce qu'on devient ! C'est dans ce sens que je veux dire !

Monique — C'est en lien avec ça, et en plus, elle n'a jamais eu vraiment de pathologie, elle dit : « Je ne sais pas comment tu fais ! » elle ne s'intéresse pas du tout à son état de santé, elle va voir le médecin. Bah ! Et il n'est pas bavard en plus, il ne lui parle pas ! Elle ne pose pas de questions !

— D'accord.

Monique — On lui donne les traitements, s'il n'y avait pas sa fille pour vérifier ses médicaments, elle s'en fout ! Parce qu'en fait elle n'a plus envie de vivre ! Parce qu'elle ne trouve plus les intérêts qu'elle avait à vivre dans sa vie !

— D'accord, elle n'est plus dans la remise en question et ne cherche pas d'autres sources de motivation, pour poursuivre son quotidien, c'est ça ?

Monique — Mais je vois que depuis qu'elle est rentrée à la maison chez elle, en plus elle a un fils qui habite Caen, mais qui est à la retraite maintenant ! Il est venu, il est resté avec elle, il lui fait le bricolage qu'il y a à faire chez elle et tout. Vous voyez, c'est ça qui me manque par exemple !

— D'accord !

Monique — Parce que ça, c'est mon gros point noir hein ?

(elle change de sujet....)

Ben, parce que INRINKA, si elle vient lundi, elle va être affolée, parce qu'on avait dégagé complètement le lit, etc. Elle avait mis les paquets comme ça, et puis je ne sais plus ce qui a dans les paquets et comme elle va beaucoup plus vite que moi, je n'ai pas eu le temps d'écrire dessus ce qui c'était ! Donc ce n'est pas moi qui les ai faites, donc je ne me souviens plus ! Vous voyez, ce n'est pas adapté !

— C'est dans ce sens-là que peut-être au lieu de venir deux heures dans la semaine. Peut-être d'avoir plus de trois heures par semaine, mais répartie dans la semaine, ça serait peut-être plus intéressant pour vous ?

Monique — Ah, ben, en une heure alors ! Le temps qu'elle arrive, qu'elle se déchausse, qu'elle mette son tablier, qu'elle boit son café, il y a déjà pour une heure !

J'ai connu ça avec maman en sortant, elle avait été opérée à Curie. Je ne savais pas ce que c'était moi, les aide-ménagères. Je l'ai su à cette occasion puisqu'en fait, elles sont, elle, ce qu'elle fait, c'est une aide-ménagère.

— Oui oui

Monique — Et ça, ce n'est peut-être pas ce qui lui plaît en fait ! Parce que c'est ce qui lui est arrivé au début, lorsque je n'allais pas bien, elle m'accompagnait à l'hôpital, mets mon sac, etc. Parce que je me suis mal à droite, et bah, ça lui allait très bien de rester deux heures à m'attendre ! Hein ?

Moi, je trouve que ça fait un peu cher hein ?

— Oui, mais c'est justement la question qu'il faudrait peut-être se poser. C'est de parler avec l'APA, avec votre évaluatrice de l'APA en disant qu'il y a, à la fois, le besoin de la maison, mais aussi le besoin du lien social. Et si vous lui parlez du lien social, peut-être dans l'évaluation de l'APA. Parce qu'il faut qu'un jour, la personne vienne chez vous ! De lui dire : « Écoutez, parce que le lien social, c'est ça qui est important ! ».

Monique — Mais cette dame m'a dit : « Désormais, vous m'appelez, moi ! » « Je suis responsable de votre dossier ! ».

— Oui, mais il faut l'appeler tous les jours, quitte à l'appeler pour justifier votre besoin.

Monique — Mais elle ne me répond pas

— Ah bah, il faut insister.

Monique — Alors là, je me demande, s'il faudrait passer par les mails du coup, mais je ne sais pas, si je l'ai d'ailleurs, son mail, elle est très gentille hein ? Je lui ai dit ça et elle les a appelés et me dit que cela fait partie de leur rôle !

— *Tout à fait.*

Monique — Alors une fois, Mme BOURAFA m'a envoyé un monsieur qui habite en plus à Sartrouville. Ça lui faisait loin pour venir, lui était un peu plus costaud, mais ceci-dit. Il aurait dû rester quatre heures, ce jour-là, pour débarrasser les affaires. Comme j'ai une voiture, j'ai gardé mon box ! Parce que c'est une deuxième cave, celui aussi là !
Il y a le grenier et puis en bas, c'est la cave ! Bon et bien, il y a l'ascenseur vous comprenez ? En plus, je lui emprunte un caddie parce qu'on a une petite réserve de caddies cachés sous l'escalier (rire). On met le carton vide dans le caddie et on remplit comme ça on n'a pas besoin ! Mais elle est costaud, ceci dit, elle m'a rangé par exemple mes étagères là !
Parce qu'on avait repassé le linge, repassé le linge et pourtant je simplifie beaucoup hein ? Elle n'aime pas trop repasser, comme beaucoup d'auxiliaires de vie. Vous savez, les auxiliaires de vie, ce ne sont pas les aides ménagères, hein ?

— *Tout à fait, ce n'est pas la même formation ! Ce n'est pas la même vocation ! Ce n'est pas le même métier ! Et c'est vrai quand on est auxiliaire de vie on ne fait pas la même chose !*

Monique — Mais elle travaille bien !

— *Oui.*

Monique — Elle fait les vitres, j'aimais mieux vous dire, c'est bien fait !

— *Oui, mais disons qu'une auxiliaire de vie, elle a été formée pour faire de l'accompagnement, faire de la dépendance et de la toilette !*

Monique — Elles n'ont pas été formées ! Vous rigolez ? Trois mois !

— *Oui, je parle dans la théorie, puisque normalement ce qu'on essaie de faire, pour avoir le titre d'auxiliaire de vie, il y a une formation de douze mois.*

Monique — Oui je sais parce que là j'ai eu aussi une petite qui l'a remplacé une fois qui était en formation !

— *Voilà, la formation, c'est important. C'est dans ce sens-là : de l'aide à l'autonomie, de l'aide à la toilette et tout ça ! Et c'est vrai que lorsqu'on demande à une auxiliaire de vie d'effectuer le travail d'une aide-ménagère. Parce que pour l'aide-ménagère, il y a aussi une formation. Très souvent, il y a des auxiliaires de vie qui n'aiment pas trop le faire, mais parfois, c'est le quotidien qui fait qu'elles n'ont pas le choix.*

Monique — Je pense qu'elle n'aime pas trop, mais quand même, elle a l'esprit de rendre service et en plus c'est moins fatigant que de soulever quelqu'un !

— Ah oui, ça, c'est vrai !

Monique — Au début, je lui disais : « J'attends que vous arriviez, vous allez aider à prendre la douche, sinon je vais la prendre toute seule ! » Parce que je me suis installée, car j'avais une amie handicapée qui venait de temps en temps, donc j'ai enlevé la baignoire et emménagé une douche !

— Oui, ça, c'est qu'on conseille aujourd'hui pour éviter la chute !

Monique — Ah, il faut faire attention, de ne pas glisser par contre !

— Ah oui ça oui, après ça dépend comment vous l'organisez, parce qu'aujourd'hui de plus en plus dans les douches italiennes il y a toutes les barrières

Monique — Et moi j'ai mis des barrières

— Voilà, vous pouvez mettre des barrières, il y en a certaines dans lesquelles, vous avez carrément la chaise qui est rétractable.

Monique — Bah, moi, je n'ai pas mis une chaise au mur, j'ai des tabourets comme ça !

— Voilà.

Monique — Je mets une serviette éponge par-dessus et puis je m'assois !

— Et voilà, comme ça, vous êtes tranquille et c'est tout simple pour vous !

Monique — Ça n'empêche, que l'autre fois, je me suis pris le pied dans la porte ! (rire)

— Oui, il faut faire attention.

Monique — Parce que ce qui est bien ma douche, elle n'est pas rectangulaire, ni carré, elle a trois côtés et la porte est au milieu,

— Comme ça permet de ne pas glisser !

Monique — J'ai mis à un petit tapis de sol pour ne pas glisser !

— Mais vous avez raison parce que justement les chutes...

Monique — Mais je n'ai pas mis collé, c'est un tapis de sol que j'enlève et que je lave

— Oui, avec les ventouses ! Alors, si vous deviez aujourd'hui passer un message aux nouvelles générations, que leur diriez-vous aujourd'hui ?

Monique — Eh bien, quand je suis parti à la retraite ! (rire) J'ai mis un petit mot pour dire au revoir à tout le monde ! Comme ça j'étais sûre de ne pas oublier !

Dans le journal de l'hôpital, hein ? et je leur ai dit : « Écoutez, je vous souhaite qu'il vous arrive la même chose qu'à moi, Hein ? « Mais pour recevoir un peu, il faut beaucoup donner et ne rien attendre en échange ! »

— D'accord.

Monique — Il faut donner ! Donnez, donnez, donnez ! Mais donner, c'est partager !

— Oui partager.

Monique — Et c'est ce que je disais toujours ! Donc ça mérite contre-don, mais le don ce n'est pas la valeur du don, c'est l'esprit du don ! Tu es de mon avis ?

— Oui, je pense que...

Monique — Peut-être que j'ai tort, hein ?

— Non.

Monique — Mais je pense que c'est parce que j'ai été éduqué dans ce sens ! Mes parents n'étaient pas religieux, ni pratiquants, je n'étais pas contre, mais comme moi, je dis : « Moi, j'ai des amis musulmans, j'ai des amis de tous les pays ! » Oui, ce sont des amitiés relatives. Parce que c'est vrai que quand on ne connaît pas les habitudes des uns et des autres, il faut être prudent, quand même !
Puis alors, quand on est tout seul, j'ai connu ça moi aussi ! Vous voyez, la vie de couple par exemple, ça n'a rien à voir avec une vie de célibataire !
C'est sûr que moi, si je n'ai pas ce que je veux, il n'y a que moi que ça dérange ! Hein ? le jour où je fais des bêtises, il n'y a que moi qui paye (rire) !
En même temps, ce n'est pas mon choix d'être célibataire ! J'ai même failli planter l'hôpital et aller m'occuper d'enfants, vous savez, dans les villages SOS !
Mais alors j'ai renoncé, je leur devais des sous, mais je leur ai dit : « Moi, je ne suis pas d'accord avec vous ! » « Il y a plein de femmes qui élèvent leurs enfants tout seuls ! » « Moi, si vous me donnez un petit budget pour leur

assurer leur éducation, etc ! » « J'ai une famille, ils auraient des oncles, des tantes, etc ! » « Mais, je ne veux pas être enfermé dans un village avec une douzaine d'enfants à m'occuper ! »

Vous voyez ? C'est ça la grosse différence, et pourtant ça marche très bien évidemment !

— *Comme vous me posez la question. Moi, je pense que, donner sans attendre rien en retour, je pense que c'est important ! Pourquoi ? Parce que si on ne donne pas, si on n'a pas le sens de ce qu'on fait, les choses n'ont pas de valeur !*

Monique — Bah, moi je vais vous dire, c'est une histoire de philosophie du bonheur ! Alors ce n'est plus à la mode de parler de ça maintenant !

— *Mais dites-moi, ça m'intéresse, parce que la philosophie du bonheur m'intéresse !*

Monique — Moi, dans ma jeunesse, j'ai été très marquée par Alain, qui a écrit « propos sur le bonheur (rire). Dieu sait que j'en ai acheté des « propos sur le bonheur » et que je les ai distribués. Après j'ai été très influencée, par quelqu'un qui s'appelait aussi Elisabeth Kübler-Ross, qui était un médecin suisse,

que vous avez sûrement entendu parler ?

— *Oui, tout à fait, elle parle du deuil et des différents degrés du deuil.*

Monique — Voilà, là, c'est pareil, j'ai pu les bouquins parce qu'ils ont disparu dans la nature, chez les autres ! Ben ça m'a aidé pour mon poste de surveillante, ça, figurez-vous !

— *D'accord parce que moi ça m'intéresse.*

Monique — On a besoin aussi de références, de gens qui vous disent qu'ils ont réussi, dans des domaines qui ne sont pas des domaines dans lesquels est riche, hein ? Mais riche de nos expériences !

— *D'accord.*

Monique — En fait, c'est ça ! Moi, en ce moment, entre Janine et moi, elle me reproche de parler toujours de mes souvenirs ! Ben, je lui dis : « Tu sais, moi, j'ai mes souvenirs ! » Par exemple : j'ai un tableau dans ma chambre que mon papa a fait, c'est un des préférés !

Il l'a fait d'après une diapo, parce qu'il peignait mon père Hein ? Vous voyez, toutes ces choses-là (elle montre les tableaux fixés dans les murs), c'est lui ! Hein ?

Mais bon, c'était à la mode à cette époque-là ! Comme je suis la dernière, il en fait encore quelques-uns et je ne me souviens même pas de l'avoir vu faire hein ?

Monique — Il en a un d'ailleurs qui n'est pas fini et qui est derrière la porte de ma chambre. Un de ces jours je vais acheter des peintures à l'huile et je vais le finir celui-là Eh, bien (hésite) ça y est, je pars dans mes… (a oublié le sujet)

— *On parlait de la philosophie du bonheur.*

Monique — Voilà ! Hein ? Pour moi, c'est cultiver son bonheur, c'est le truc des infirmières, c'est ça ! C'est prendre soin de soi pour prendre soin des autres

— *D'accord.*

Monique — voilà ça, c'est la philosophie des infirmières (rire)

— *Pour vous, la philosophie du bonheur est ancrée en vous depuis le début, depuis votre jeunesse en réalité ?*

Monique — Pourtant je n'étais pas heureuse, j'étais très triste, moi, étant enfant ! Ou parce que

j'avais connu mes frères et sœurs à la maison, avec des amis et des frères, etc. Puis d'un seul coup ma sœur se marie, après mon frère est parti très jeune travailler pour les militaires à Mont-de-Marsan ! Puis du coup, quand il était militaire, il y a échappé belle, sinon il serait parti en Algérie ! Il a été juste la promotion d'avant qui sont partis

— *D'accord.*

Monique — Et dieu sait, qu'il a su l'apprécier ça ! Par contre, moi, dans mes amis, j'en ai d'autres, ça les a drôlement traumatisés !

— *De vivre la guerre civile ! Parce que c'était une guerre civile.*

Monique — C'était civil, si vous voulez !

— *Oui, c'était une guerre fratricide, parce que c'était trois départements français.*

Monique — Bah, FLN contre les Français, quoi !

— *Oui.*

Monique — Et les Algériens, mon frère, on a eu, dans le travail, lui était ingénieur, puis à moment donné, il avait un brevet et on lui a donné une équipe. Eh ben ça marchait très bien avec des techniciens et des ingénieurs, mais y avait un Algérien lui rendait la vie impossible parce qu'il ne faisait que dire que lui, c'est comme les Antillais qui disent « Nous sommes des victimes de l'esclavage ! »

— *Oui.*

Monique — Ce n'est plus un lien de travail, il y avait celle qui faisait du Vaudou dans la lingerie ! (rire) Je peux vous dire, j'ai de quoi écrire un livre !

— *Oui, mais c'est justement, vous voyez ?, c'est justement cette écriture-là !*

Monique — Vous savez, parfois, c'est libérateur aussi ! Je ne dis pas libérateur, mais cela serait plutôt un témoignage quoi ?

Parce que moi je ne faisais que leur dire : « Je vous plains, puisque vous êtes malheureux ! Mais votre bonheur, c'est à vous de le fabriquer ! Et quand on travaille en équipe, c'est déjà ça, le bonheur ! Alors, arrêtez de vous plaindre et profitez de la vie !

Moi, je me souviens, on se mettait tous pour distribuer les repas, infirmières ou pas infirmières, pour que ç'aille plus vite et puis hop, il restait un plateau de riz ! Bah, assises par terre, dans la cuisine !

Parce que ç'allait partir à la poubelle, de toute façon, on ne faisait pas de... , s'il n'y avait rien, il n'y avait rien, par contre notre surveillante de l'époque, puisque ça non plus, ça n'existe plus !

Elle commandait elle-même, les biftecks, le persil et la charlotte et le soir, il y avait une aide-soignante qui adorait faire ça en plus ! Fallait lui demander pendant ce temps-là, hein ? Elle faisait cuire les distribuait les repas aux opérés récents, c'est bien ça aussi, ça n'existe plus là maintenant ! C'est la régie qui sert et ce n'est pas bon ! Ça à nouveau progressé ça, d'ailleurs ! Ils ont du matériel correct, ils ont des fours, qui font aussi bien la vapeur, que cuite autrement ! On trouve ça aussi sur les bateaux je crois !

— *Oui, aujourd'hui il y a des évolutions technologiques, mais peut-être le rapport humain, il a évolué ! Hein ?*

Monique — Bah, oui, parce que ça ne s'était fait dans ce sens ! C'était aider les gens à passer un cap !

— *Oui*

Monique — Alors il y avait l'aspect technique, hein ? Ah les prises de sang !

Ah oui, ce n'est pas la peine de massacrer, on vient à son secours ! Bah, vous voyez ? Elles n'avaient pas le temps, mettre un pansement chaud alcoolisé sur le bras pour retrouver une veine, il faut attendre que ça se fasse !

— Tout à fait !

Monique — Bon alors, après on fait des heures supplémentaires ! Pour rattraper ce qu'on n'a pas fait !

— Néanmoins, au moins où on n'allait pas charcuter la personne, et on n'allait pas avoir des bleus partout !

Monique — Mais moi on fait que me dire : « Mais toi il y en a eu qu'une comme toi ! », d'ailleurs ils m'appelaient sœur Thérésa de la Piété (Hôpitaux Universitaires Pitié Salpêtrière) (rire) pour se moquer de moi hein ? Les greffés, pas mon personnel !

— Parce que les veines, quand on est en bonne santé, on les trouve très facilement, mais quand on est malade !

Monique — Ah, vous êtes de mon avis ! surtout si elles ont été beaucoup piquées. Mais c'est pareil, les cathéters qu'on laisse en place ! Enfin, il y a... Quand j'ai fait une septicémie, Bah je me souviendrais toujours, c'était en infectiologie à la Pitié !

Monique — Ma belle-sœur vient me voir et puis « Ah tu as vu ? », il y avait le sang qui coulait sur mon bras, parce qu'ils m'avaient piqué là, puis moi je donnais mon sang aussi ! Bon mes plaquettes ! Alors j'ai dit : « Ah ben, ce n'est pas si grave, hein ? » « Passe-moi écran vert, s'il y en a un dans le coin, je retire la perfusion et puis on verra après ! »

Ah ! Elle était affolée ! Bah, ils étaient en réunion, personne ne bougeait ! J'ai été opéré des poumons et il y a mon drain, le fil du drain qui a claqué et le drain qui se sauvait, bah je l'ai tenu comme ça mon drain ! (rire). Tout le temps de la réunion (rire) « Mais non ! »

Ah l'infirmière, mieux vous dire, qu'elle s'est dépêchée pour mettre un pansement pour tout, parce que j'aurais fait un pneumothorax, sinon ! Vous voyez ? Il y a des tas de trucs comme ça ! Bon moi, comme c'était mon métier, je n'en faisais pas un drame !

— Tout à fait, mais pour d'autres personnes, cela aurait pu être une

catastrophe parce qu'il ne connaissait pas !

Monique — Comme là, aujourd'hui ! Ce matin je n'arrivais pas à me bouger, parce qu'hier j'ai trop marché ! Eh ben, j'ai pris un ACCUPAN, pour pouvoir vous recevoir ! (rire)

— Et vous avez vu un petit café, vous avez mangé la moitié d'un croissant

Monique — Voilà et je suis bien et maintenant, il est presque une heure hein ?

— Oui, il est midi 43 !

Monique — Oh, mais ça va encore, Eh, bon bah, écoutez, je ne sais pas si je vous ai vraiment rendu service hein ? On a beaucoup bavardé ! Vous pourrez toujours m'appeler hein ?

— Oui, bien sûr, justement, c'est qu'elle m'avait dit Laurence !

Monique — Parce que je ne veux qu'une chose, c'est que votre travail collectif soit une réussite ! Moi, quand j'étais à l'école des cadres, en plus de ça aussi…

— En tout cas, sachez que dès à présent, si vous avez besoin de quelque chose, vous avez mon

numéro, vous pouvez marquer Antonio (nom de famille)....

Monique — Je ne sais pas, j'ai gardé ça, dans mon carnet, parce que j'ai retenu Da Costa Pourquoi, je ne sais pas non plus.

— Il n'y a pas de souci. Je vous remercie de m'avoir consacré ces instants d'échange très enrichissants.

<u>Entretien avec madame AC-DC le 14 mai 2022 à 15 heures</u>

PERSONNE INTERROGÉE	Madame AC-DC âgée de 85 ans, encore très autonome et particulièrement dynamique et active
DATE, LIEU, DURÉE, COMMENT S'EST PASSE LA PRISE DE CONTACT	Le 14/05/2022 à 15 h Durée de l'entretien : 39,33 minutes Lieu : Résidence Autonomie Gabriel fontaine Morangis (91) Prise de contact facilité, car j'étais en poste (garde week-end) sur le lieu où résidait la personne
RÉFLEXION EN LIEN AVEC L'ENTRETIEN	Mon choix s'est porté sur cette personne, car elle était particulièrement dynamique et impliquée dans la vie de la résidence. Je l'ai choisi aussi pour son profil atypique car c'est une personne qui, par souci de rester autonome, reste jeune et dynamique. Elle casse les codes que l'on a en tête de la personne âgée, d'où le pseudonyme que j'ai pu lui attribuer, car elle affectionne tout particulièrement la musique du groupe AC-DC Après réflexion, je me rends compte qu'il est difficile de mener l'entretien, sans que la personne interrogée, dans ce cas-là, vous perçoive comme une salariée de la résidence. J'ai eu parfois l'impression que cet entretien

	lui a permis de régler ses comptes avec la direction
RÉSUMÉ DE L'ENTRETIEN ET IMPRESSION GÉNÉRALE	Cet entretien s'est plutôt bien passé. La personne s'est vraiment impliquée dans l'entretien et a répondu avec joie à mes questions De cet entretien il se dégage un dynamisme et surtout une vision positive de l'accompagnement

Légende :

— *Laurence Delys (interviewer)*

Mme AD-DC – Madame AC-DC (personne interrogée)

Transcription intégrale de l'entretien

— Bonjour madame, Tout d'abord merci de m'avoir accordé cet entretien. Je sais que j'ai déjà eu l'occasion de l'évoquer avec vous. Je suis actuellement en licence de coordination des établissements et services pour personnes âgées en alternance. Dans ce cadre, nous devons réaliser une enquête de terrain « comment est vécu l'accompagnement ? regards croisés »

C'est dans ce cadre que nous proposons cet entretien et que nous vous remercions chaleureusement pour le temps que vous nous accordez ainsi que les informations que vous accepterez de nous partager. Nous avons mené nos entretiens auprès de différents publics : les personnes âgées, les professionnels qui les accompagnent et leurs proches aidants.

Sachez que cet entretien nous permettra d'étayer notre mémoire collectif, mais restera confidentiel. Nous nous engageons donc à ne pas divulguer ni votre nom ni les éventuelles informations confidentielles que vous nous confierez.

Maintenant que je me suis présentée, pourriez-vous me parler un peu de vous, votre âge, votre situation familiale, les métiers que vous avez exercés, un peu me raconter en gros votre vie et aussi, estimez-vous avoir eu une vie bien remplie jusqu'à présent en tout cas.

Mme AD-DC – Trrrès bien remplie. J'ai 85 ans, j'ai eu une vie très remplie, j'ai eu deux ... nous avons eu deux filles, nous avons été très heureux.

Du jour où nous avons eu notre aînée, mon mari a voulu que je reste les élever parce qu'il travaillait toujours de nuit dans la presse, donc j'ai élevé mes filles jusqu'à ce qu'elles quittent le foyer.

Tout a été bien voilà et puis, par la suite et quand je me suis retrouvée veuve, je suis restée quelque temps toute seule, en appartement et j'avais des camarades qui habitaient dans ce foyer où on avait l'habitude de venir trois fois par semaine jouer au scrabble.

Et puis un jour, toute seule, j'ai décidé de venir ici m'installer. Ça fait 10 ans, et je suis très très bien, je ne le regrette pas du tout !

— Alors jusqu'à présent vous n'avez pas été accompagnée et vous êtes encore très très autonome, mais justement je vais quand même vous poser la question. Pour vous l'accompagnement, qu'est-ce que cela signifie ?

Pour vous, éventuellement un jour, si vous avez besoin d'être accompagnée, qu'est-ce que ça signifierait pour vous et, comment vous le supposeriez et vous le vivriez ? (Hésitations) Pardon

Mme AD-DC – Je crois que je le vivrai bien, si je tombe sur une personne sympathique : converser correctement et puis que l'on

puisse aller faire un petit tour tous les jours, si j'ai du mal à me déplacer, qu'elle puisse faire les courses éventuellement, si je ne peux plus les faire.

Être secondée dans mon intérieur pour être toujours bien au propre, ranger tout. Une personne de confiance et alors là décontractée. On a besoin d'une personne dans ces cas-là.

— D'après vous, seriez-vous capable de faire confiance à la personne ?

Mme AD-DC – Ah moi oui

— Si...

Mme AD-DC – Oui oui.

— D'accord !

Mme AD-DC – Oui, quitte à lui demander un petit service, voilà, euh, bien s'entendre avec la personne, alors c'est décontracté, dans ce cas-là on peut se laisser aller gentiment chez soi

— D'accord

Mme AD-DC - Vu que mes enfants sont tous loin, dans le Midi. Je ne les vois qu'une fois par an !

Donc, tant que je suis autonome, je me débrouille toute seule ! C'est parfait, mais le jour où je dois aller en maison de retraite ! Automatiquement, je m'en vais vers Dijon, ouais !

— Alors, euh, donc vous n'avez pas vraiment d'accompagnement, bien qu'au sein de la résidence, on vous propose diverses activités et une forme d'accompagnement et donc, la question est : est-ce que cela vous apporte quelque chose dans votre vie quotidienne et est-ce que cela correspond encore à vos attentes depuis que vous êtes arrivée à la résidence ?

Mme AD-DC – Justement, ce que j'ai trouvé ici, c'est que je ne l'avais plus chez moi toute seule, entre les cours de scrapbooking, le chant, la gymnastique, les randonnées avec les copines et tout ça !

Le scrabble tous les jours, l'après-midi. Je n'aurais pas cela, toute seule. Je trouve ça idéal. Je trouve même, qu'il n'y a pas assez de maisons comme ça, mais avec des gens qui restent quand même, un peu valides, qu'elles puissent sortir et tout, mais là je trouve cela idéal.

— En fait ...

Mme AD-DC – On ne se trouve pas seule

— C'est ça pour vous, cela a été un moyen de rompre l'isolement en fait ?

Mme AD-DC – Totalement Totalement et puis alors là, maintenant j'ai même recommandé deux amis de 25 ans et ça y est, elles sont rentrées et sont contentes comme tout et moi aussi.

— Alors, évidemment, vous êtes encore très autonomes, mais si vous pouviez imaginer ce que pourrait être les services à la personne âgée pour vous, ils devraient (hésitations) : comment, à quoi cela devrait ressembler et qu'est-ce que vous attendiez éventuellement de ce service ?

Mme AD-DC – Ben pour un établissement comme là ?

— Peu importe en fait, dès lors que vous avez des besoins de service d'une personne.

Mme AD-DC – Une chose : en premier, qu'on ait besoin de s'adresser à quelqu'un qui nous aide à accomplir des papiers parce qu'à la longue on arrive à être complètement perdu.

Moi, je sais que j'ai fait une erreur il y a trois ans pour remplir ma feuille d'impôts trois ans de suite, j'en ai subi les conséquences.

C'est la première année-là que je me retrouve bien. Voilà ! J'aurais eu besoin de quelqu'un pour m'aider à remplir ma feuille d'impôts correctement et tout voilà mais pour beaucoup de choses aussi.

— En soi, vous voudriez éventuellement que la résidence autonomie élargissent les services qu'elle propose ?

Mme AD-DC – Ben, surtout pour remplir des papiers, surtout pour remplir les papiers, voyez dès fois la queue pour des gens qui sont perdus avec les papiers qu'ils reçoivent, elle est longue !!! Et bien sûr, Mme la directrice, elle travaille dans son bureau, ça n'arrange rien quoi alors non mais….

— Donc vous voudriez que la résidence propose une aide administrative en fait ?

Mme AD-DC – Ah ça oui je trouve que ça serait plus pratique comme tout

— D'accord, donc j'ai bien compris que vous aviez une belle image des résidences autonomie,

finalement, dans lesquelles on accueille les personnes âgées. Mais éventuellement est-ce que vous auriez quelques critiques ? (...) (J'ai bien compris que la résidence autonomie convient à vos attentes) mais si vous étiez en EHPAD : est- ce que par rapport aux EHPAD vous auriez des critiques à émettre après je sais que vous avez lu le livre « les fossoyeurs » que je vous ai prêtée.

Je voulais avoir votre point de vue par rapport finalement à toute cette actualité qui remet en cause l'accompagnement, tout au moins comme il est effectué dans les structures données en exemple dans le livre.

Mme AD-DC – Ben nous là on n'a pas besoin rien du tout. Mais en E.H.P.A.D., il faut vraiment que les personnes, vous vous rendez compte, pour eux c'est difficile pour trouver quelqu'un qui nous seconde et nous écoute tout le temps, c'est spécial l'E.H.P.A.D. !

C'est spécial, vous vous rendez compte des personnes non autonomes, ce qu'elles demandent comme temps !

— Oui

Mme AD-DC – Oui, qu'on les comprenne, ce n'est pas facile

— Oui (silence mais court)

— Après, est- ce que vous estimeriez éventuellement que finalement les professionnels qui ont du mal à accorder du temps à chaque résident dans les E.H.P.A.D. finalement les poussent, enfin les font, oui, les poussent vers la perte d'autonomie parce que justement on ne leur permet pas de réaliser encore les gestes qu'ils peuvent faire ? (Phrase hésitante)

Mme AD-DC – Alors, je connais des personnes en EHPAD en province, qu'est- ce qu'elles peuvent se retrouver seules sur un fauteuil derrière une fenêtre pendant des heures. (elles apprennent, elles marchent, c'est affreux, elles attendent). (difficultés à comprendre les propos de la personne interrogée) Moi je préfère, plutôt que d'aller en E.H.P.A.D., mourir. J'irai peut-être certainement, mais vraiment ça me fait peur.

— Alors, après si ça peut vous rassurer, je pense que ce n'est pas une fin en soi et qu'il y a toujours avant des moyens avant de se tourner vers l'E.H.P.A.D., trouver des solutions pour rester plus longtemps chez soi.

Mme AD-DC – Oui, vaut-il mieux rester plus longtemps

enfermé dans un studio comme certaines personnes ici toute la journée. Je ne me vois pas faire cela, je préfère aller en E.H.P.A.D. plutôt que de rester enfermée dans un studio, même si on vous rend visite vous vous rendez compte de la solitude après.

(Silence de réflexion)

Mme AD-DC – Moi je ne supporterais pas !

— Oui, c'est le gros problème en fait finalement

Mme AD-DC – Voilà, c'est le plus gros problème !

— C'est l'isolement

Mme AD-DC – C'est l'isolement, c'est affolant !

— Et même si ce que vous êtes en train dire c'est quand même au sein d'un E.H.P.A. ou logiquement on est entouré de personnes, la personne reste isolée finalement ?

Mme AD-DC – Mais elles ont quand même une chose en E.H.P.A.D. que je trouve quand même bien, il faut le reconnaître, c'est que le personnel, il va chercher les personnes en fauteuil roulant, il les amène dans une pièce et les personnes ne sont pas toutes seules, elles voient du monde.

Mme AD-DC – Elles peuvent converser. On peut même les faire chanter et même si elles sont assises dans leur fauteuil, on ne les laisse quand même pas seules dans leur chambre. Les personnes dans leur chambre, je trouve que non…

— Alors, si vous vous projetez, je sais que pour l'instant vous êtes entièrement autonomes et sans : si je vous dis perte d'autonomie, qu'est ce que cela signifie pour vous ?

Mme AD-DC – Ne plus pouvoir me déshabiller ou m'habiller, surtout ne plus pouvoir me laver, vous rendez compte de notre complexe ! Hein ? Alors là, la personne n'est plus rien ! À ce moment-là, moi ça me fait peur, c'est pour ça que j'ai peur, je me maintiens le plus possible parce que le jour où ça tombe ! Vous vous rendez compte, quand vous pouvez même plus vous habiller.

— Par vous-même

Mme AD-DC – Là, c'est affolant !

— Pour vous, en fait , c'est ça, ce qui représente la perte d'autonomie, c'est vraiment de…

Mme AD-DC – Cette déchéance !

— Dépendant et...

Mme AD-DC – Dépendant, même si on s'occupe. La personne fait ce qu'elle peut. C'est un métier comme un autre et difficile, mais la personne qui est atteinte, ce serait moi par exemple quelle déchéance on se sent alors là ! Le complexe !

— Alors si vous vous retrouviez, c'est juste une projection, si vous retrouviez dans cette situation justement de perte d'autonomie, est-ce que vous connaissez quels sont vos droits, là actuellement en France les droits à des différents dispositifs ?

Enfin, comment vous allez pouvoir bénéficier de différents accompagnements et quelles sont les aides que vous apporte l'état ? Vous les connaissez ?

Mme AD-DC – Pas du tout

— Pas du tout ?

Mme AD-DC – Pas du tout. Il faudrait vraiment que ma fille s'occupe de cela !

D'ailleurs, ma fille, s'il n'y avait qu'elle, je serais déjà à Dijon avec elle. Je serai, mais ce serait ma fille qui serait obligée de s'en occuper et elle demande que ça, mais pour l'instant, ce n'est pas du tout du tout du tout.

— Alors oui, il y a des dispositions.

Mme AD-DC – Parce que la maison de retraite est excessivement chère et comme je perçois que 1300 euros par mois, je ne pourrais pas payer une maison de retraite, elle me propose toujours ma fille. Ma fille veut que j'aille à Dijon, mais c'est 1600 euros par mois une maison comme là. Je ne peux pas de toute façon.

— Oui oui.

Mme AD-DC – Si je n'avais pas mon livret de caisse d'épargne, je ne pourrais pas vivre jusqu'à la fin du mois

— D'accord, alors, donc, justement, l'EHPAD est la suite donnée à la résidence autonomie, malheureusement. C'est une évolution. Est-ce que vous pensez que ça serait important que finalement que la direction en amont vous informe de vos droits ?

Mme AD-DC – Ben, ça serait pas mal, parce qu'on serait à quoi s'en tenir et à quel organisme s'adresser. C'est tout moi je sais que je commencerai avec ma fille. Mais a commencé par les organismes de la presse où mon mari a toujours participé au groupe Lourmel et tout ça pour des aides à domicile, là c'est ma fille je crois qui s'en occupera.

— D'accord

Mme AD-DC – Mais pour l'instant je ne fais rien du tout vu que ça ne m'a pas effleurée l'esprit et ce jusque-là !

— Alors est- ce que vous connaissez l'existence de dispositifs de protection, en fait, pour vous protéger vous justement. Est- ce que par exemple, je crois que cela a été fait à la résidence, on vous a informé par exemple par rapport à la personne de confiance. Oui, je vais parler de choses un peu difficiles. Ou des directives anticipées est-ce que vous avez été informée ?

Mme AD-DC – C'est-à-dire ?

— Donc la personne de confiance en fait, c'est par exemple : ça pourrait être votre fille que vous désignez comme personne de confiance et si, un jour, vous

n'avez plus les capacités, ben finalement de décider.

Mme AD-DC – C'est ma fille qui me prend en charge.

— De décider pour vous, par rapport, pour tout ce qui concerne votre vie, vous accordez votre confiance à cette personne et c'est elle qui prend le relai en fait.

Mme AD-DC – Madame la directrice a déjà les papiers en mains et si, je tombe ici, elle a tout. Elle était étonnée d'ailleurs, je ne veux pas de réanimation, pas d'acharnement.

— Vous avez fait donc vos directives anticipées : c'est ce qu'on appelle les directives anticipées

Mme AD-DC – Tout est fait chez Mme la directrice, elle téléphone à ma fille et ma fille fait tout

— D'accord, c'est ce qu'on appelle les directives anticipées.

Mme AD-DC – Oui

— C'est-à-dire vous avez dit, si malheureusement ma santé se dégrade et qu'il faut prendre des décisions, je refuse l'acharnement thérapeutique

Mme AD-DC – Tout est inscrit. Je ne veux pas être réanimée enfin comme on dit à vivre avec éventuellement des séquelles qui sont pour moi difficiles à vivre.

Oui et ben, c'est d'accord s'ils appellent mes deux filles, tout est d'accord là-dessus.

— Vous avez fait ça, c'est vraiment psychologiquement et mentalement très fort. Ç'a sûrement été difficile pour vous de faire ça ?

Mme AD-DC – C'est moi qui ait demandé, en plus mes filles étaient étonnées, et elles m'ont dit au contraire, non, c'est moi qui ait décidé et sur ma table sous plastique, y a la même chose, si j'ai un problème, ils ont tout, j'ai soit le numéro du SAMU, soit les pompiers ils ont ça sur la table signée et datées de mes filles, c'est tout.

— D'accord, on va donc parler de vos filles qui ont beaucoup d'importance pour vous et quel rôle elles jouent auprès de vous dans votre vie quotidienne ? Quel est leur rôle en fait ? D'après vous ?

Mme AD-DC – Elles sont loin alors … à part les coups de fil de tous les jours ah ah ah !

— Et oui justement, est- ce qu'elles vous apportent une aide ne serait-ce que morale ?

Mme AD-DC – Tout le temps, tout le temps, tout le temps !!! et pour me parler des enfants, des petits enfants, des arrières-petits enfants, et tout tout le temps, tout le temps, mes filles et, si j'ai quelque chose, je n'ai cas leur téléphoner. Christine de Dijon, c'est la plus proche, elle vient et elle m'emmène, elle ne demande que ça.

— D'accord, donc c'est bien, vous êtes très entourée en fait ?

Mme AD-DC – Ah ben mes filles et puis mon gendre, maintenant, il m'a dit : vous n'avez plus à vous occuper de la feuille d'impôts puisque, c'est par ordinateur, que je n'en n'ai pas, c'est lui qui s'en occupe entièrement.

— Il vous fait votre déclaration.

Mme AD-DC – Pourtant, il est dans le Midi là, et là, il m'a dit, j'ai regardé votre dossier et tout. Vous ne paierez pas d'impôts cette année et on vous rembourse même 120 euros suite à la bêtise que j'avais faite, il y a trois ans !

— D'accord.

Mme AD-DC – Et cette bêtise, elle était importante, si vous voulez savoir, vous la verrez.

— Sachez que justement les aides à domicile, si éventuellement un jour vous vous retrouvez quand même en dépendance, il y a un crédit d'impôt qui est alloué par l'état

Mme AD-DC – oui.

— Et ce qui permet, justement, pour la personne de réduire les frais.

Mme AD-DC – Et de se faire aider !

— Se faire aider !

Mme AD-DC – Et ben, ce sera mon cas.

— Voilà, sachant qu'il y a des dispositifs comme l'APA (l'aide pour l'autonomie) et vous permet justement d'avoir chaque mois un nombre d'heures qui vous est alloué qui est en lien avec votre perte d'autonomie et qui vous permet selon vos revenus de bénéficier plus ou moins d'une somme allouée pour pouvoir vous faire aider.

Mme AD-DC – Madame la directrice là je peux dire qu'elle m'a dit ca un jour c'est pas vieux du tout euh suite à le manque de photocopies elle a vu que je ne payais pas d'impôt elle m'a dit : "le jour où vous avez besoin de quelque chose madame AC-DC, vous me le dites et je fais le nécessaire ! " mais non non je me débrouille avec mon livret de caisse d'épargne et tout je ne demande rien.

— *Sachez que par rapport aux aides, justement. Euh euh, c'est l'une des politiques de l'état, c'est de vraiment permettre à la personne qui est aidée de rester actrice et décider de ses actes.*

Mme AD-DC – Oui

— *Voilà, enfin on est plus comme avant où on imposait tout au moins, alors, que là maintenant, la personne doit être vraiment actrice de son accompagnement, en fait.*

Mme AD-DC – Et qu'elle soit bien accompagnée et qu'elle soit bien d'accord !

— *Voilà c'est ça, on peut pas faire quelque chose sans l'accord de la personne.*

Mme AD-DC – Très bien oui.

(Silence un tout petit temps)

— *Alors ,ben, je sais comme on se connait déjà on a eu le loisir de déjà l'évoquer ensemble en dehors de cet entretien mais, je vais vous demander de m'en reparler : comment avez-vous vécu la crise sanitaire ?*

Mme AD-DC – Alors là on ne peut mieux, vous vous rendez compte qu'on a été … (sous-entendu par le silence confiné), pendant un moment, on nous demandait de rester dans le studio et bien on nous a demandé de mettre une chaise ou un tabouret à la porte, le petit mot sur le tabouret le matin avec les courses à faire, le pharmacien, tous les coups de téléphone à donner éventuellement chez un docteur pour qu'eux même les appelle si on en avait besoin, si ça n'allait pas.

Le soir même les courses étaient sur le banc, ils n'avaient qu'à sonner et à la porte on les prenait puis on payait bien sûr et ben je vous assure qu'on n'a pas manqué de rien.

On les voyait qui passaient dans le couloir habillé de la tête au pied et alors, ils nous distribuaient toutes les courses, c'était incroyable !

Le courrier était sur notre tabouret le matin, celui qu'on avait préparé la veille était sur le tabouret, ils le prenaient, c'était posté, on a manqué de rien.

Un jour, j'ai même manqué de liquidités, je ne pouvais plus payer puisqu'on ne sortait pas, on a demandé à madame Thomasse une personne nous a proposé 300 euros par contre je donnai le chèque tout de suite de 300 euros voilà et, on nous les a emmenés. On était contente de repartir avec 300 euros, d'avoir nos courses à la porte ah non non alors là !

— *Quand même qu'est- ce qui a posé le plus de problèmes pour vous depuis le début de la crise sanitaire ? A tous les niveaux pas obligatoirement vous pouvez élargir à ...*

Mme AD-DC – Par le port du masque, si, ben, se réunir à beaucoup pour faire beaucoup de choses. Mais là, c'était interdit ! A part le chant et encore, pas l'une à côté de l'autre, on était comme ça (joint le geste à la parole pour montrer leur distanciation entre chacun).

Si si on en a assez de porter le masque et puis, d'aller dehors même avec le masque et puis voilà, oui, et on se lave les mains en rentrant et puis euh on fait que ça quoi finalement

— *Oui mais et vous ?*

Mme AD-DC – On a pas le droit danser on a pas le droit de rien du tout.

— *Oui d'où du coup ça, ça vous dérange plus de contact*

Mme AD-DC – alors là c'est ...

— *Est-ce que vous avez tiré quand même des choses positives de cette crise ?*

Mme AD-DC – (temps de réflexion un peu long) Je ne peux pas vous dire, je ne sais pas, peut pas !

Vous savez, on a tellement perdu, dans le moral, dans le contact avec les autres, parce qu'il y a eu plus de contact du tout ! On a perdu énormément ! Avant, je ne sais pas, on était ensemble, pour parler de tout ça, comme on a plus le droit ?

— *Et là encore actuellement vous avez des retombées en fait ?*

Mme AD-DC – Ah, Ben ! C'est pas un groupe, on est plus du tout ensemble, rien du tout !

— *Vous avez l'impression qu'il y a plus de cohésion dans la résidence autonomie ?*

Mme AD-DC – Plus de groupe, plus de lien, il y en a dans la bibliothèque, y en a dehors, y en a là et y en a là plus du tout de…

— *Ça a éparpillé les gens ?*

Mme AD-DC – Complètement, complètement !

— *Donc vous l'avez déjà évoqué depuis le début de la crise sanitaire quel type d'accompagnement vous avez le plus aidé si j'ai bien compris, c'est tout le dispositif que la directrice vous avez mis en place justement pour vous permettre de vivre le mieux possible le confinement.*

Mme AD-DC – Et, là, ce qui, ce qui change énormément, je parle de cet établissement, c'est que depuis…

Oh oui ça fait bien un an plusieurs mois, c'est les personnes qui rentrent, pour faire le plein de la résidence des personnes très âgées, handicapées ou qui perdent déjà la tête et tout.

On a plus du tout de vie.

— *Il y a plus du tout de vie sociale ?*

Mme AD-DC – Il n'y a plus rien du tout, on peut pas.. on est toutes à la même enseigne elles perdent la tête les pauvres les dernières

arrivées et tout ça colle pas avec nous.

— *Finalement, l'accueil de ce public est pas adapté et ne permet pas de réaliser des animations en commun ?*

Mme AD-DC – C'était pas du tout comme avant. Ah ben non non !

(Longue interruption du à une sollicitation en tant que responsable sur la résidence, obligation de répondre au téléphone)

— *Alors on en était où ? Est- ce que vous estimez avoir été suffisamment entourée pendant la crise sanitaire ?*

Mme AD-DC – Alors là, oui largement alors je vous assure impeccable.

— *Par vos enfants aussi ?*

Mme AD-DC – Ah ben, non je ne les ai pas vu moi !

— *Oui mais est- ce qu'ils vous ont entouré en vous appelant ?*

Mme AD-DC – Ah, ben, bien-sur, je les ai eus tout le temps au téléphone.

— *D'accord.*

Mme AD-DC – Et ça, c'est pour eux voyez c'est pour eux (me montre ce qu'elle va envoyer). Ça va partir demain, voilà pour les arrières petits-enfants. Ah non non les enfants sont toujours présents au téléphone !

— *D'accord. Alors lorsque vous étiez jeune, comment envisagiez-vous votre avancée dans l'âge ? Est- ce que finalement ça s'est passé comme vous l'aviez projeté ou est-ce finalement ça n'a pas été le cas ?*

Mme AD-DC – Pas de problème, vraiment, je suis d'une famille nombreuse, tout a coulé comme ça on a suivi et je me suis laissée aller jusqu'au mariage je dois dire je me suis pas fait de souci.

— *D'accord, et c'était comme cela quand même que vous envisagiez l'avenir dans l'avancée en âge ou es ce que vous pensez que à l'époque quand ... (hésitation) est- ce que vous vous projetiez ?*

Mme AD-DC – Alors là, pas du tout dans les familles nombreuses, on vivait beaucoup dehors et puis, bien sur en pavillon au chemin de fer et tout ça avec les frères et sœurs on pensait pas du tout à la vieillesse alors pas du tout.

Parce qu'en plus les grands venaient chez papa et maman le dimanche donc avec les gendres ou les belles filles y avait cinq frères qui jouaient du saxo, de la trompette bouchée, du trombone enfin !

Donc il y avait toujours de la musique et de la danse c'est pour cela que ça me manque aujourd'hui.

— *Ça explique du coup votre besoin de socialisation ?*

Mme AC-DC : Voilà oui.

— *Parce que vous avez eu l'habitude de vivre*

Mme AC-DC : Oui

— *Toujours entouré en fait ?*

Mme AC-DC : Le dimanche où il n'y avait pas d'école, je me souviens, y avait pas d'écran, on s'amusait avec tout, fallait chercher les doryphores sur les pommes de terre qui poussaient et on mettait ça dans des boîtes à conserver et tout ! Mais alors papa à chaque fois nous disait : pour les grands allez réciter moi vos leçons : « le s entre deux voyelles se prononce z et pour faire s'il en faut deux » et nous on avait tout enregistré, papa c'était ça.

— D'accord.

Mme AC-DC : Et après on allait donner les doryphores aux poules qui avaient faim je pense que c'était bien.

— D'accord. Comment vivez-vous votre âge-là actuellement ?

Mme AC-DC : Alors bien j'y pense pas du tout et je n'ai jamais donné mon âge ici. Jamais, on ne m'a fêtée mon anniversaire et en même temps je ne veux pas et je laisse aller comme cela.

— D'accord

Mme AD-DC – Je me remue c'est tout.

— Et finalement pour vous, c'est la meilleure façon en fait de vivre votre avancée en âge ?

Mme AD-DC – Voilà exactement et. Puis continuer de marcher, faire mon yoga toute seule, la chorale alors là impeccable et tout et puis les jeux là aussi ici les après-midis.

— Et surtout ben justement pour résumer vous voulez rester autonome pour ne pas être dépendante en fait ?

Mme AD-DC – Le plus possible le jour où je ne serai plus autonome j'accepte d'aller à Dijon.

— Vous savez déjà où vous serez accueilli par votre fille si éventuellement…

Mme AD-DC – Ah oui exactement !

— Vous en aurez vraiment .

Mme AD-DC – Oui voilà, j'irai pas dans le midi il fait trop chaud chez Isabelle, mais à Dijon y a pas de problème.

— Du coup, pour vous cela créait un sentiment de sécurité est- ce que vous pensez que pour vous finalement le fait de savoir ça vous sécurise ?

Mme AD-DC – Non je n'y pense pas !

— Vous n'y pensez vraiment pas ?

Mme AC-DC : Non parce que je veux pas entendre parler de la maison de retraite je préfèrerai partir alors donc je n'y pense pas

— D'accord alors est- ce que vous pensez quand même qu'il est difficile de vieillir dans cette société actuelle ? et pourquoi ?

Mme AD-DC – (murmure je ne sais pas) Parce que les gens ne sont pas proches comme de notre temps les grands-mères étaient avec nous les tantes et tout ça.

Là tout le monde s'ignore, tous les gens sont étrangers, les uns aux autres. Je sais pas : y a pas d'amitié entre les gens comme à notre époque.

Ils sont tous tous avec leurs portables, si vous saviez c'est même désagréable des fois de vouloir faire un jeu et quelqu'un a un portable : ça sonne tout le temps y a un irrespect complet, maintenant, complètement !

— Vous pensez oui qu'il y a pas de solidarité ? Oui que du coup que ce manque de respect rend la vie compliquée ?

Mme AD-DC – Oui la semaine dernière Mme x son téléphone a sonné on lui a fait remarquer : elle est pas revenue Ah non non y a un irrespect total !

— Même parmi les gens de votre génération : c'est ce que vous signalez ?

Mme AD-DC – Y a que les portables qui comptent !

— Finalement vous signalez que c'est même les gens de votre génération qui finalement n'ont logiquement pas connu toutes ces

technologies, qui ont aussi ce comportement ?

Mme AD-DC – Ben on conversait ensemble avant !

— Deviennent irrespectueux eux même ?

Mme AD-DC – Voilà exactement voilà y a plus de chaleur humaine du tout quand on les voit l'une à côté de l'autre et même dehors elles sont entrain de se parler. Tout d'un coup y a un portable elles sont dessus, elles sont 2 à 3 à être dessus puis les autres eh ben elles attendent, c'est fou !

— oui il y a plus de chaleur humaine oui dans ces cas là il vaut mieux être seul et essayer de s'occuper seul

Mme AD-DC – Oui oui voilà voilà.

— Plutôt que d'être accompagné par des personnes qui finalement...

Mme AD-DC – Exactement (on se comprend sans finir nos phrases).

— Sont égoïstes et euh c'est ça que vous signalez.

Mme AD-DC – Oui oui !

— *Alors quelle importance attachez- vous aux échanges intergénérationnels est-ce que vous trouvez éventuellement justement à la résidence que ces échanges sont favorisés ? Déjà en tout premier lieu quelle importance apportez-vous à ces échanges intergénérationnels ?*

Mme AD-DC – Là je suis encore enregistrée ?

— *Oui mais ça ne sera pas nominatif ne vous inquiétez pas.*

Mme AD-DC – On a eu des papiers à remplir pour dire si on était d'accord pour qu'un étudiant vienne ici et puisqu'il paye tant par mois et qu'en compensation. Ils rendent service trois heures par mois, ce n'est pas beaucoup hein ? Trois heures pour une personne, ce n'est rien. Moi, j'étais contente d'avoir un jeune avec qui converser !

J'ai dit oui et voilà la seule personne qui est venue là-haut et bien on ne l'a pas vu ! Et puis, il n'y a pas eu de service rendu, rien du tout !

— *D'accord*

Mme AD-DC – Rien du tout et les jeunes rentraient par derrière, le soir. Là par l'escalier de service et tout ça.

— *Du coup finalement, malheureusement, vous n'y avez vu que des inconvénients et de la gêne*

Mme AD-DC – La gêne, ils ne faisaient pas de bruit, mais où ils passaient parait-il que dès fois il frappait à la porte, c'est ce qui s'est dit des jeunes qui montaient et qui étaient contents

— *D'accord, bon, est-ce que vous pensez que la directrice de temps en temps essaye de favoriser des échanges intergénérationnels au niveau des animations ? (Silence sans réponse) est-ce qu'il y a des partenariats avec les écoles de Morangis ?*

Mme AD-DC – Avant oui !

— *plus maintenant ?*

Mme AD-DC – C'est fini, fini tout est mort, tout est mort !

— *Ça vous manque ?*

Mme AD-DC – Avant, y avait des relations avec une école qui venait et on chantait avec eux, c'était mignon comme tout. Non mais plus rien plus rien du tout

— *Et vous vous ressentez quand même le besoin de favoriser ce lien ?*

Mme AD-DC – Ben oui, maintenant, je suis en train de me mettre complètement à part les filles (elle parle de ses camarades résidentes) s'en sont rendues compte je suis entrain de me mettre complètement à part

— *D'accord oui vous n'avez plus envie finalement de vous impliquer dans une vie de la résidence qui ne représente rien pour vous.*

Mme AD-DC – Voyez, on a eu le mois dernier non, c'était il y a 2 mois, le CVS parce que je participe pas monsieur UE4 y participe lui mais on a eu la réunion pour l'activité dans la résidence. J'y suis allée et elle a dit: ``Avez-vous quelque chose à me proposer pour rendre service aux résidents entre vous et tout, et tout?''.

Alors moi j'ai dit si vous voulez le matin quand il fait beau je me propose à 10 heures que quatre cinq personnes viennent avec moi marcher une demi-heure je les accompagne on revient une demi-heure plus tard on va à l'allure qu'elle veulent je les accompagne y a pas de problème et il y aura toujours une dame qui aura un portable au cas où il y ait un chute.

Alors là, elle ne m'a pas répondu et je n'en ai plus entendu parlé. Alors j'ai dit bon je ne me permets plus d'en reparler. Je ne suis pas retournée la voir.

— *Oui c'est ça vous n'arrivez plus à vous impliquer, vous ne vous reconnaissez plus dans…*

Mme AD-DC – Ah non non !

— *Ce qu'on vous propose Parce qu'en gros …*

Mme AD-DC – Si elle me demande moi j'ai proposé non.

Mme AD-DC – Je suis dans le jardin je la vois pas je suis même rentrée à l'intérieur nettoyer tout le bord à l'intérieur c'est propre vous avez qu'à voir j'ai mis les pots par terre pour laver le bord des fenêtres monsieur Alain.

Il l'a vu il m'a aidé à remettre les pots qui étaient trop lourds mais je n'entend parler de rien je demande rien mais alors rien du tout.

Par contre les nouvelles, elles sont toujours devant parce qu'elles perdent la tête c'est par de leur faute mais elles sont toujours en train de la déranger dans le bureau et tout non comme elle vous le dirait c'est sur on la voit plus

— D'accord. Si vous aviez un message à faire passer aux nouvelles générations que serait il enfin ? Ce serait quoi ?

Mme AD-DC – Y a un petit jeune homme il est impeccable c'est lui qui est là jusqu'à fin juin il vient converser tous les matins Steeve.

Il pourrait vous le dire on parle de la jeunesse de tout ce que je fais et tout impeccable lui ça lui rend service moi ben il n'y a pas de problème il était étonné que je fasse le jardin m'occuper des pots de fleurs et tout on converse de tout ça mais il est le seul

— D'accord

Mme AD-DC – Ils sont passés mignons

— Oui justement le message que vous voudriez faire passer c'est que il faut enfin il faut continuer à garder le lien

Mme AD-DC – Voilà !

— Intergénérationnel entre toutes les générations enfin.

Mme AD-DC – Oui la petite jeune fille qui avait un BTS (la personne interrogée ne sait peut être pas exactement le niveau du stage réalisé). Elle était un mois

ici alors elle avait à débarrasser la table, les nappes.

Et, puis, elle met les nappes de côté alors que la table n'est pas sale puisqu'il y a une nappe elle nettoie le dessus de la table, bon tant mieux et puis pour nettoyer elle fait juste là et puis c'était tout puis le dessus.

A un moment donné, elle me regarde parce que j'étais en train d'astiquer, moi ici surtout.(depuis la covid les résidents lorsqu'ils occupent un espace dans la résidence le désinfecte avant d'en partir, ils ont à disposition une lingette et du produit)

Alors un moment elle me dit : " comment vous astiquez ben je lui dis ce que vous faites ça sert pas à grand-chose c'est pas désinfecté.

Je dis c'est ça qui est le plus important : nettoyer là là et là alors je lui dit vous inquiétez pas j'en parlerai pas je dis vous l'apprenez au contraire ça ne peut que vous rendre service.

Elle dit j'aurais pas pensé je lui dis c'est où il y a le plus de microbes (Ici madame AC-DC parle des accoudoirs). Elle l'a fait tous les jours après et elle l'a fait jusqu'à ce qu'elle parte.

— D'accord

Mme AD-DC – C'était super, mais comme elle dit j'aurais pas deviner.

— *En fait le message que vous voudriez passer, c'est que les nouvelles générations devraient écouter finalement les générations d'avant.*

 Mme AD-DC – Tout à fait

— *Pour justement que vous continuiez*

Mme AD-DC Finalement ce je veux c'est transmettre Ils sont gais gentils comme tout et quand il prête de l'attention à ce qui vous demande et votre réponse c'est super je trouve. Ça fait même du bien c'est peut être bête

— *Oui quelque part vous avez l'impression de vous sentir utile et d'apporter quelque chose*

Mme AD-DC – Exactement !

— *Aux générations futures .*

Mme AD-DC – Exactement, car elle aurait pas devinée (elle reparle de la stagiaire) qu'il fallait nettoyer complètement là c'était pas là que ca se salissait plus ni là parce qu'il avait les nappes mais c'était là et là et elle a fait l'expérience je devrais pas dire ça elle a fini avec son chiffon et, elle

est venue me le montrer et il était tout noir rien qu'avec les poignées. Là ben elle était contente ça l'a fait rire d'ailleurs. Oui bon voilà.

— *Merci de m'avoir donné tout votre ressenti et ces informations*

Mme AD-DC – Autrement, je trouve qu'une maison comme ça, y a vraiment la possibilité d'en faire un lieu de bien être et d'accompagnement.

— *Nous allons conclure ainsi notre entretien et je vous remercie encore pour tout le temps que vous m'avez accordé.*

Entretien avec madame JOSY le 6 juin 2022 à 13 h 30

PERSONNE INTERROGÉE	Madame JOSY âgée de 88 ans . Cette dernière est encore bien autonome mais elle profite régulièrement tous les jours d'une intervention d'une auxiliaire de vie qui vient 2 fois 30 minutes chez elle le matin et le soir. Comme je suis impliquée dans la vie de la résidence depuis maintenant 2019 j'ai pu assister malheureusement à l'évolution de l'état de cette personne. D'où mon choix de l'interroger car son accompagnement a évolué sur ces dernières années
DATE, DURÉE, LIEU COMMENT S'EST PASSE LA PRISE DE CONTACT	Entretien mené le 06/06/2022 A 13h30 à la résidence autonomie Gabriel fontaine Morangis (91) Durée : 32,5 minutes La prise de contact a été facilitée car j'étais en poste (garde week end) sur le lieu de résidence de la personne interrogée. Cet entretien a été plus facile à réaliser que l'antérieur car j'ai pu me rendre cet fois ci dans le logement de la personne
RÉFLEXION EN LIEN AVEC L'ENTRETIEN	Je me suis rendue compte qu'il était difficile de mener un entretien avec un résident du lieu de travail où l'on exerce sans que la personne interrogée porte un jugement sur notre pratique professionnelle qu'il soit positif ou négatif. Le choix du pseudonyme de la personne s'est fait parce que ses amis l'appelle Josy
RÉSUMÉ DE L'ENTRETIEN ET	L'entretien s'est bien déroulé, ce qui en ressort c'est que l'accompagnement est bien vécu par la

IMPRESSION GÉNÉRALE	personne.
	La personne interrogée est de nature timide et réservée. Elle l'exprime d'ailleurs en fin d'entretien. Elle se serait plus livrée à moi je pense si cela n'avait pas été le cas. Mais notre discussion a été facilitée car elle me connaissait et se sentait je pense en confiance
	On se rend compte que l'accompagnement est bien vécu par la personne car cette dernière connaissait avant l'auxiliaire de vie qui intervenait comme agent de restauration sur la résidence et elle entretenait déjà avec elle de très bonnes relations. La relation d'aide dans ces cas là est surement mieux acceptée

- Annexe 4 -

Légende :

— *Laurence Delys (interviewer)*

Josy - Madame Josy (personne interrogée)

<u>Transcription intégrale de l'entretien</u>

— Bonjour Madame. Même si vous me connaissez déjà, je vais d'abord commencer par me présenter.

Tout d'abord, merci de m'avoir accordé cet entretien.

Je suis actuellement en licence CESPA ce qui veut dire coordination des établissements et services pour personnes âgées que j'effectue en alternance. Dans ce cadre, je dois réaliser une enquête de terrain qui a pour titre « comment est vécu l'accompagnement ? Regards Croisés »

C'est dans ce cadre que je vous propose cet entretien et je vous remercie chaleureusement pour le temps que vous m'accordez ainsi que les informations que vous acceptez de nous partager. Mon groupe d'étude a mené des entretiens auprès de différents publics : les personnes âgées, les professionnels qui les accompagnent et leurs proches aidants

Sachez que cet entretien permettra au groupe d'étayer notre mémoire collectif mais restera confidentiel. Mon groupe s'engage donc à ne pas divulguer ni votre nom ni les éventuelles informations confidentielles que vous nous confierez

Maintenant que je me suis présentée pouvez vous s'il vous plaît commencer par vous présenter ?

Josy - Je suis madame Josy. J'ai 88 ans qu'est- ce que je pourrais dire !

— Votre situation familiale le métier que vous avez exercé avant ?

Josy - Moi, j'ai une fille qui a un petit garçon, qui a un garçon maintenant qui est grand et c'est tout ce que j'ai … parce que maintenant la famille est réduite et puis avant on était nombreuses et puis voilà

— Puis maintenant ?

Josy - Puis maintenant c'est réduit !

— La famille est très réduite

Josy - Euh qu'est ce que je peux vous dire ?

— Quel est le métier que vous avez exercé ?

Josy - J'étais employée de bureau

— D'accord

Josy : Je faisais de la dactylo j'ai fait du standard, j'ai fait de la comptabilité, j'étais dans les bureaux de comptabilité

— *D'accord*

Josy - J'effectuais les factures, les enregistrements de commande

— *Vous avez géré tout ce qui était administratif alors ?*

Josy - Oui c'est ça

— *Si je vous dis accompagnement qu'est- ce que cela signifie pour vous de manière un peu exhaustive ?*

Josy - Une présence

— *Une présence ?*

Josy - Oui

— *Et vous attendez quoi de cette présence ?*

Josy - C'est difficile à dire moi, j'en ai pas encore besoin trop

— *Trop ?*

Josy - Alors mais bon pour l'avenir on sait pas comment ça peut tourner. Pour une personne c'est difficile à dire. Moi, j'en ai pas encore besoin, trop. Alors

mais pour l'avenir, on ne sait pas comment ça peut tourner, alors une personne. Euh qu'est-ce que je pourrais vous expliquer : qui est là enfin cette personne qui est là pas tout le temps m'enfin ce serait une présence.

— *Une présence oui pour vous ça serait peut-être un moyen de rompre un peu la solitude ?*

Josy - Je suis pas solitaire

— *Oui, vous avez encore beaucoup d'amis qui viennent régulièrement vous voir ?*

Josy - Oui oui oui

— *Qu'est ce qui a motivé votre recours à des professionnels ? Puis que quand même...*

Josy - C'est la santé qui a motivé ma demande. Vous la connaissez, Christelle intervient chez moi. C'est la santé qui a motivée, ce recours à une aide.

J'ai un rétrécissement de la colonne vertébrale, alors d'un côté je ne suis pas paralysée, mais enfin j'ai du mal à marcher ! Puis de l'autre côté j'ai de l'arthrose alors que mes 2 genoux sont intacts voilà !

C'est ce qui m'embête le plus, c'est que je peux plus beaucoup marcher, j'essaye de marcher, heureusement que j'ai mon déambulateur. Ça vous coupe de la famille et puis des amis.

— *Ça vous permet oui de ...*

Josy : Oui de me déplacer

— *Alors, on va rentrer un plus en détail, dans votre accompagnement, de quel accompagnement bénéficiez-vous actuellement exactement ?*

Josy - Ben de Christelle c'est tout.

— *Qui est auxiliaire de vie ?*

Josy - Oui !

— *Et elle vient pour (euh) elle vous aide à la toilette ?*

Josy - Non

— *Pas encore ?*

Josy - La douche oui parce que je peux plus me laver les jambes

— *D'accord elle vous aide un peu pour la douche, d'accord.*

Josy - Surtout pour ça et puis enlever mes bas de contention alors elle vient une demi-heure : une demi-heure le matin une demi-heure le soir.

— *Et cet accompagnement comment vous l'avez vécue parce que c'est jamais très facile ?*

Josy - Par obligation, on est obligée, enfin avec Christelle, elle est tellement agréable que ça coule. Ah ah ah !

— *Oui, vous avez une auxiliaire de vie qui est très humaine et qui vous entoure.*

Josy - Oui qui m'entoure beaucoup qu'est- ce que je pourrais vous dire ben ma fille travaille encore

— *Est- ce que cela vous a apporté autre chose dans votre vie quotidienne d'après vous cet accompagnement ? Est-ce que Christelle a joué un rôle en plus, ne vous a pas apporté qu'une aide mais a joué un rôle en plus dans cet accompagnement ?*

Josy - Elle m'aide beaucoup c'est tout ce que je peux dire aussi bien pour les courses parce que ma fille travaille alors (euh) toute la journée.

Elle vient de temps en temps mais j'ai laissé à Christelle le soin de m'apporter mes courses toutes les semaines et je commande à MAXIMO, le plus gros, l'eau et l'épicerie et

Christelle m'apporte la crèmerie, tout ce qui est frais.

— D'accord. Donc en fait cet accompagnement, il correspond à vos attentes actuelles en tout cas ?

Josy - Oui oui oui!

— Est- ce que vous pensez que Christelle pourrait une peu mieux répondre à vos attentes ou elle répond vraiment pleinement à vos attentes ?

Josy - Pleinement oh oui elle fait mon petit jardin enfin elle arrose mes plantes Ah ah ah par que maintenant je peux plus aller sur le balcon alors c'est elle qui le fait. Elle est très gentille, très gentille !

— Avant d'arriver là à la résidence autonomie je sais que ça fait longtemps que vous êtes là madame Josy quelle image vous aviez justement de ces structures qui accueillent les personnes âgées ?

Josy - Ben j'ai eu ma belle-mère qui était dans une maison elle était à Chilly Mazarin alors je connaissais déjà le fonctionnement.

Mon mari a eu un cancer et je ne pouvais pas faire les deux ,comme ma belle mère était avec nous je ne pouvais pas faire les deux.

Alors le médecin m' a dit : "y a pas il faut qu'elle (euh) qu'elle aille en maison ! ".

Elle était très bien à Chilly Mazarin.

— D'accord. Alors, si je comprends bien vous-même vous avez été aidante ?

Josy - Oh oui oui pour les 2 belles mères : ma mère et sa sœur

— Et votre époux aussi visiblement ?

Josy - Ah oui bien sûr : toujours là !

— Et comment vous avez vécu justement cet accompagnement en tant qu'aidant ?

Josy - Euh ! Vous savez, il fallait, il fallait faire face.

— Oui pour vous, ça vous semblait une évidence en fait ?

Josy - Ben oui on peut pas les laisser c'est pas possible, hein, ma mère a été veuve assez tôt non c'est ma belle-mère qui a été veuve assez jeune !

Alors ,euh, elle était toujours avec nous déjà alors ça n'a pas changé, elle nous suivait et puis elle a eu un petit logement comme ici à Suresnes, et ben quand elle n'a pu, plus alors on l'a pris avec nous !

— *D'accord*.

Josy - Alors après, ben, alors j'avais mon mari et puis ma belle-mère j'étais en retraite alors.

— *Est- ce que vous auriez aimé justement que l'état quand même vous donne des solutions pour avoir quand même un peu de répit ?*

Josy - A ce moment-là, il y avait rien ; pas à l'époque c'est assez récent. Je sais pas ça fait une dizaine d'année que ça a vraiment, il y a eu des aides parce que sinon on avait rien.

— *Oui à votre époque les aidants malheureusement il n'y avait rien pour les aider.*

Josy - Pas à ma connaissance

— *Oui oui alors qu'actuellement y a un effort qui a été fait en ce sens-là ?*

Josy - Oui, les associations. Ma mère, je lui avais pris une femme de ménage, c'est l'association qui existe encore. Y avait que ça.

— *IL y avait que ça ? Vous n'aviez pas d'autres solutions ?*

Josy - Pas d'autres solutions !

— *Pas d'autres solutions qui s'ouvraient à vous ?*

Josy - Oui et puis quand elle n'a pu plus rester toute seule. Bon, ben, je l'ai prise avec nous et j'ai assuré, alors ça fait que…

— *Vous mériteriez bien maintenant qu'il y est quelqu'un qui vous prenne en charge voilà je suppose que votre fille vous le rend aussi mais …*

Josy - Ah non, pas du tout !

— *Pas spécialement pas encore ?*

Josy : Non non je veux pas de ça juste justement j'ai voulu que ma fille soit indépendante. Elle n'a pas le caractère à ça. Enfin, qu'elle soit pas esclave.

— *Oui, c'est très dur, je comprends ce que vous voulez dire.*

Josy - Alors pas une minute, pas une minute. On avait pas une minute pour nous, avec mon mari. On est jamais parti en vacances tout seuls y avait toujours ma belle mère. Ma mère elle restait encore assez chez elle, mais ma belle mère, il fallait qu'elle nous suive tout le temps.

— *D'accord, oui c'était donc lourd à porter.*

Josy - Alors là je connais!

— *Oui c'est pour cela que vous voulez privilégier la vie personnelle de votre fille et pas trop ...*

Josy - Son foyer et puis, ils ont des ennuis aussi. Alors euh (rire) je veux rester indépendante tant que c'est possible elle s'occupe par contre de toute mon administration

— *Elle est une aide administrative, voyez tout de même, elle est aidante mais d'une autre manière en fait.*

Josy - Oui c'est ça pour ça oui.

— *Alors, si je vous dis perte d'autonomie qu'est ce que cela signifie pour vous ?*

Josy - Ben comme je suis (rire) heureusement que j'ai encore ma tête ah ouiii !

— *Alors, justement comme vous dites heureusement que j'ai encore ma tête donc pour vous est-ce que vous vous sentez vraiment en perte d'autonomie ou c'est juste comment dire une dégradation physique mais vous vous sentez encore autonome ?*

Josy - Oui oui, je me sens encore autonome, tout de même. Et, oui j'espère le plus longtemps possible !

— *Est- ce que vous connaissez vos droits aux différents accompagnements et aides ?*

Josy - Oui

— *Oui j'ai l'impression, un petit peu...*

Josy - Oui avec Sylvie je touche comment euh ... (Silence)

— *L'APA peut être ?*

Josy - Oui L'APA oui sauf que j'ai pas beaucoup de droits je paye des impôts alors...

— *Mais c'est comme ça que vous pouvez embauché Christelle ?*

Josy - Oui c'est ça

— *Ça vous donne un petit coup de pouce on va dire.*

Josy - Oh oui, mon mari avait une bonne situation ! Alors, (euh) j'ai la moitié de sa retraite.

— *Oui la pension de réversion, oui.*

— *Est- ce que vous avez des besoins non assouvis dans le cadre de cet accompagnement ?*

Lesquelles seraient-ils si vous en aviez ?

Josy - Oh ben, je me contente de peu, (rire) mon petit confort, je ne cherche pas maintenant, je peux plus aller au cinéma. Au restaurant, je peux y aller, mais en voiture là, tout ça, mais je n'aime pas y penser.

— *Et, justement au sein de la résidence : est- ce que quand même vous appréciez d'être au sein de la résidence parce que vous sentez qu'il y a un accompagnement quand même par des animations ?*

Josy - Oui, une présence, parce qu'en pavillon on est toute seule ! Les voisins sont au travail. Le dimanche, ils sont occupés, on est toute seule dans un pavillon. Que là, on descend, on voit du monde, c'est plus entrain c'est plus...

— *Ça vous permet de rompre la solitude ?*

Josy - Oui, je ne suis pas solitaire moi ! Vous savez, je m'occupe toute seule, j'étais une fille unique ! Alors !

— *Vous avez l'habitude d'être seule et puis de trouver des occupations ?*

Josy - Mon mari était représentant, en même temps ,il était là et puis, il n'était pas là !

— *Vous avez eu souvent l'occasion de vous retrouver seule enfin ?*

— *Alors justement le fait que votre fille maintenant soit obligée de vous apporter une aide administrative comment vous le ressentez ? Est-ce que vous le ressentez de manière positive ou de manière négative ?*

Josy - Oh non !

— *Plutôt positivement ?*

Josy - Oui oui !

— *Vous avez lâché prise c'est bien ?*

Josy - Alors oui, là j'ai lâché prise, oui ! (rire)

— *Alors, vous savez que j'ai fait un remplacement juste après le premier confinement. Justement je vais essayer de voir avec vous comment vous avez pu vivre cette qualité d'accompagnement qu'on vous a procuré ici à la résidence ?*

Josy - Bien bien !

— *D'une manière générale comment vous avez vécu la crise sanitaire ? De manière globale sans tenir compte de ce que la directrice Mme Thomasse a pu faire.*

Josy - Non non on avait pas le choix : fallait rester enfermé, on avait pas le choix. Elle a choisi, elle nous a toujours procuré enfin un genre d'accompagnement durant le confinement : 3 jours tous les 3 jours on descendait pour pas c'était

— *Ah oui, elle a organisé ça, je le savais pas, voyez-vous, vous m'apprenez des choses.*

Josy - Non, mais elle essayait quand même de nous accompagner : oui ça bien. Mais, alors vous on vous regrettera (rire) ca … c'est vous avez une facilité par votre présence.

— *Merci, ça me touche beaucoup !*

Josy - Ben oui ben oui c'est vrai.

— *Est-ce que vous avez tiré du positif de cette crise sanitaire ?*

Qu'on a vécu et qu'on continue plus ou moins à vivre puisque finalement la covid est toujours là ?

Par exemple, dans l'établissement on est obligé de garder le masque est- ce que vous en tirez quelque chose de positif ?

Josy - Ben (hésitation, silence) oui on s'est plus rapproché je crois les unes des autres.

— *Ça a créé une solidarité ?*

Josy - Oui oui

— *D'accord oui j'ai compris Mme AC-DC vient vous voir régulièrement c'est ça tous les jours elle vous rend visite ?*

Josy - Tous les jours ou tous les 2 jours c'est comme ça si je descends pas elle monte elle s'inquiète obligatoirement de moi oui oui oui.

(Le téléphone de la résidence sonne interruption de l'entretien

— *C'est bien aussi de la*

nouveauté. Il faut espérer que le renouvellement se passera bien.

Josy - Oui ben oui, on a tous les caractères le monsieur qui a remplacé Alain, il était gentil aussi !

— Steeve ?

(Rire)

Josy - Non pas Steeve comment Jean jean oh…

— Ah oui celui qui était là avant Alain. D'accord oui oui.

Josy - Il était gentil

— IL était gentil aussi ?

Josy - Oh là là oui, il était très gentil ce monsieur, il est parti à la retraite, il est parti à la retraite.

— Après, c'est peut-être la direction qui insuffle aussi le comportement !

Josy - Je sais pas oui.

— Le comportement des salariés ?

Josy - Y a le caractère aussi qui rentre en jeu surement.

— Alors, lorsque vous étiez jeune comment vous envisagiez votre avancée dans l'âge ?

Josy - Ah, ben ça, alors, j'y pensais pas !

— Vous n'y pensiez pas ?

Josy - Du tout !

— C'est bien vous avez vécu l'instant présent ?

Josy - Oh oui Oh oui parce que j'étais entourée de personnes âgées, elles étaient toujours très gaies et très dynamiques, aussi bien les hommes que les femmes. Non, moi, ça ne m'a pas effleuré du tout non pas du tout.

— Du coup, on pourrait supposer que c'est comme ça inconsciemment que vous avez envisagé votre avancée dans l'âge c'est ça ?

Josy - Oui j'en ai pris conscience, ben quand mon mari est décédé. J'ai dit qu'est- ce que je peux faire. Ben je vais me retrouver toute seule. Sylvie, elle a son ménage.

C'est là que j'ai commencé à chercher enfin on était avec madame BEZIOT vous l'avez connu madame BEZIOT

— Non je ne l'ai pas connu ??

Josy - Qui habitait au troisième !

— Mme PUISSIAU ?

Josy - C'est ça oui

— Oui malheureusement elle est partie là, enfin elle est partie. (La personne est décédée)

Josy - Oui on était… On s'était connu à Chilly Mazarin, moi je suis de Savigny et puis quand mon mari est décédé le pavillon. Ben, c'était trop grand alors j'ai demandé à mes enfants de venir au pavillon.

Comme ça comme à Argenteuil il était dans un quartier pas très bien alors ils sont venus là ca fait que moi je me suis retrouvée à Chilly Mazarin et c'est là que j'ai fait la connaissance de madame PUISSIAU puis on est devenu amie alors euh puis ben pff qu'est- ce que je voulais vous dire je connais qu'est-ce que je dis je suis perdue. Je perds le fil !

— Ce n'est pas grave.

Josy - Comment dire oui j'avais connu madame PUISSIAU ben je sais plus c'est parti alors on a un (non sens) je suis venue à Chilly Mazarin quand j'ai demandé à Sylvie qu'elle vienne au pavillon

comme ça c'était 2 pièces de plus pour moi c'était trop grand pour moi alors bon ben ça les a arrangés ils sont venus et donc la …

— Et comment vous êtes arrivée ici à la résidence ?

Josy - Ben de Chilly mazarin je suis arrivée ici (rire)

— A cause de madame PUISSIAU

Josy - Oh ! On envisageait de déménager ensemble.

— Vous êtes rentrées en même temps dans la résidence ?

Josy - Je suis rentrée au mois de juillet et elle est rentrée au mois d'Août !

— D'accord Ah oui.

Josy - On s'est suivi, et bon, ça était comme ça !

— Bon c'était bien, vous êtes arrivée et vous connaissiez quelqu'un.

Josy - Oui oui oui, c'était avec madame Pogu ce n'était pas, c'était bien (madame POGU est l'ancienne directrice de la résidence).

Elle était très très amie, comment que je vous dirai ça, je cherche mes mots on l'a trouvé très sympathique.

— *Oui elle était accueillante !*

Josy - Très très très gentille oui et puis on est restées puis j'ai pas demandé à partir je suis bien là.

— *Et elle aussi madame Pogu, elle était dans l'accompagnement, enfin, elle essayait d'entourer un peu ses résidents ? Elle était attentive ?*

Josy - Ah oui oui très

— *Elle était attentive aux résidents ?*

Josy - Oui et puis tous les matins elle venait nous serrer la main dire bonjour. Ah oui.

— *Oui, elle était très d'accord pour instaurer la relation humaine ? Je ne l'ai pas connue.*

Josy - Ah oui oui elle était humaine aussi, mais pas la même chose que madame Thomas (erreur de langage, car le nom de famille de la directrice actuelle est Thomasse)

— *D'accord.*

Josy - (rire)

— *Comme quoi, on a tous nos tempéraments et, alors, comment vivez-vous votre âge ?*

Josy - En ce moment mal je vis mal mon âge avec mes jambes ça me fait mal (rire)

— *Alors moi, pour connaître la résidence depuis 2019, c'est vrai, je vous avoue, quand j'ai eu l'occasion de revenir après pour remplacer madame Thomasse, ça m'a rendu triste, voilà, de voir que je vous voyais beaucoup moins.*

Josy - Ben oui ben oui (silence) Oh oui, parce que je n'ai pas le cœur à descendre, là je descends. Parce que je descends quand il y a madame Bernard et puis madame AC-DC, sinon sans ça je serais casanière.

— *Vous avez envie de rester chez vous ?*

Josy - Mais je ne m'ennuie pas chez moi !

— *Oui !*

Josy - Oui, j'ai toujours à faire. Vous trouvez toujours le moyen de vous occuper. Mais tout de même il y a beaucoup de choses, je ne peux plus rien faire ça c'est dur ça c'est dur.

— Heureusement, vous pouvez encore toutes les activités. Vous pouvez lire j'imagine ?

Josy - Oui oui !

— Faire des mots croisés ?

Josy - Je vais à la gym, je vais à la chorale, je vais au dessin.

— Vous continuez encore beaucoup d'activités tout de même parce que c'est le week-end que je vous vois plus !

(rire commun)

— Est-ce que vous pensez qu'il est difficile de vieillir dans cette société actuelle ? Et si oui, auquel cas pourquoi ?

Josy - Je crois qu'on a assez d'aides, qu'on n'avait pas avant.

— Donc, finalement vous trouvez que c'est peut-être moins difficile de vieillir actuellement ?

Josy - Je pense

— Qu'il y a quelques années ?

Josy - Oh oui oui, maintenant on est aidé alors qu'avant, on l'était pas. Nos parents n'ont pas été aidés

— Oui !

Josy - Oui.

— L'état comptait plus sur la solidarité familiale en fait ?

Josy - Oui !

— Pour apporter l'accompagnement aux personnes, c'est ça et vous vous l'illustrez bien en disant, j'ai dû m'occuper de ma belle-mère et de ma mère.

Josy - Oui, je suis d'accord (rire) !

— De votre époux ?

Josy - Notre génération n'était pas la même !

— Finalement, vous avez accès à des aides auxquelles la génération d'avant n'avez pas droit en fait ?

Josy - Pas de droit et puis pas de connaissance sur rien du tout Oui.

— Et maintenant les médias communiquent un petit peu quand même ?

Josy - Plus !

— Là-dessus oui !

— Oui justement en parlant de choses un petit peu désagréables qui sont dans l'actualité qui vient de passer et encore malheureusement actuellement pour les services à domicile.

Qu'est-ce que vous avez pensé de tout cela ? ORPEA vous savez , je ne sais pas si vous en avez entendu parler de ORPEA KORIAN vous en pensez quoi ?

Josy - C'est pas du bon tout ça je comprends pas dans notre temps on avait pas tout ça.

— Oui !

Josy - Ça, ça n'existait pas ou très peu. C'était, les gens, seulement les gens aisés qui allaient en maison de retraite et qui avaient accès à ces maisons là.

— Oui

Josy - Ça, c'est venue vers les années 80/90 avant , il n'en y en avait pas.

— Ça s'est démocratisé c'est cela que vous voulez dire ?

Josy - Y en avait pas moi, à part ici. Moi, je connaissais pas ! Enfin à Savigny il y avait un truc.

— D'accord oui oui !

Josy - Sinon à part ça j'en connaissais pas sauf à Suresnes je connaissais parce que ma belle mère y était mais (euh) je connaissais pas les maisons de retraite

— D'accord ! (rire mme Josy)

Josy - Il a fallu que ma belle mère y soit pour que je me mette dans l'ambiance !

— Oui, dans cette ambiance là et à l'époque vous trouviez que l'accompagnement était correct ? Les personnes étaient bien accompagnées ?

Josy - Dans ces maisons-là oui à l'époque à Suresnes, ils étaient bien accompagnés.

— D'accord.

Josy - Oui oui il y avait des sorties c'était bien, autrement, j'en ai pas connu d'autre.

— Finalement ce serait l'argent qui s'est mêlé de tout cela qui a fait qu'il y a eu des dérives d'après vous ?

Josy - Je crois, ils ont essayé de s'enrichir ! (rire)

— Sur le dos des personnes âgées c'est triste quand même ?

Josy - Sur les familles aussi.

— *Sur les familles aussi oui.*

Josy - Sur les familles, faut savoir parce que qu'en on y rentre on ne sait pas…

— *Oui quand o…*

Josy - On connait pas la direction. Non, moi je ne la connais pas, la direction, m'enfin ! (rire)

— *Vous vous envisagez comment les choses rester le plus longtemps possible ici tant que vous pouvez avoir une aide extérieure ?*

Josy - Oui

— *Vous préférez rester ?*

Josy - Oh oui oui on est bien là tant que je peux

— *Oui c'est comme si vous étiez chez vous en fait ?*

Josy - Oh oui la même chose exactement. On est indépendant et on fait ce qu'on veut , on sort, on reçoit qui on veut.

Y a juste à faire la présence, mais ça, mon dieu !!!!

— *C'est pas grand-chose c'est ça ?*

Josy - Surtout ainsi on a notre sécurité.

— *Oui c'est ça c'est la sécurité tout en étant à la maison c'est ça ?*

Josy - Oui voilà !

— *Est-ce que vous accordez une importance aux échanges intergénérationnels ? Est-ce que vous trouvez ça important ?*

Josy - Oui quand les enfants viennent, oui, ils connaissent la vieillesse pour moi par exemple je n'en avais jamais vu de vieillesse vraiment avant.

— *D'accord avant quand vous étiez enfant oui ?*

Josy - Là c'est oh je trouve que c'est agréable.

— *Après j'ai l'impression que madame Thomasse met l'accent un peu sur cette relation entre générations dans la résidence.*

Josy - Oui oui parce qu'elle invite des enfants d'école et tout ça. Oh oui oh oui !!!

— *Et voilà, pour finir l'entretien, est-ce que vous avez*

un message à faire passer aux générations futures ?

Josy - C'est dur ça ! (rire)

— *Oui, prenez le temps de la réflexion.*

Josy - Ce serait vraiment bien si la génération suivante, s'occupait beaucoup plus des ainés !

— *Des aînés ? Oui, vous pensez que c'est là-dessus qu'il faut mettre l'accent ?*

Josy - Oui, je pense qu'il y en a, ils sont très dévoués hein ? Y a la jeunesse qu'on voit maintenant qu'on ne voyait pas avant.

— *Oui, vous trouvez, quand même, que la jeunesse finalement à nouveau...*

Josy - Oh oui oui !

— *Se tourne vers les générations passées et elle est moins centrée sur elle ?*

Josy - Oui, c'est ça, tout ça dépend du caractère et aussi de l'environnement, m'enfin je pense que tout le monde

— *Oui, il y a une ouverture vous trouvez ?*

Josy - Oui, il y a une ouverture sur les jeunes quand même.

— *Bon ça veut dire qu'on va vers le positif alors ?*

Josy - En principe, oui, je pense, je veux.

— *Ça serait bien*

Josy - Oh ben, mon petits-fils, il est pompier, il sait, il (hésitations)

— *Il est dans le service.*

Josy - Il est dans le service, alors !

— *Ah oui (rire) oui du coup.*

Josy - Et moi j'avais un pern aussi parce que maman elle travaillait aussi et quand elle m'a eu elle rentrait tard le soir et elle partait de bonne heure le matin y avait pas de bus ni de train alors que comme maintenant (...) (impossible de comprendre ce qu'à dit la personne) elle a travaillé à Paris en banque, elle m'a mis en nourrice enfin, c'est la voisine à quelques jardins et il était pompier aussi là alors pendant l'occupation les bombardements.

— *Il a été très sollicité !*

Josy - Très sollicitée et oui ah là là c'est pour ça que …

— Est- ce que vous avez des choses à rajouter éventuellement ?

Josy - Non pas particulièrement je ne suis pas très bavarde.

— Bon alors merci alors.

Josy - Je ne suis pas très bavarde!

— Merci madame Josy, d'avoir accepté de faire l'entretien .

Josy - Si ça pouvait vous aider !

— Merci vraiment beaucoup !

(rire de gêne de la part de la personne interrogée)

www.ingramcontent.com/pod-product-compliance
Lightning Source LLC
Chambersburg PA
CBHW021542150726
47990CB00006B/2358